¡QUIERO SER ANTIRACISTA!

¡QUIERO SER ANTIRRACISTA!

Un manual práctico

JUMKO OGATA AGUILAR

Grijalbo

El papel utilizado para la impresión de este libro ha sido fabricado a partir de madera procedente de bosques y plantaciones gestionadas con los más altos estándares ambientales, garantizando una explotación de los recursos sostenible con el medio ambiente y beneficiosa para las personas.

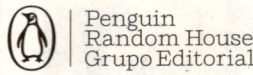

¡Quiero ser antirracista!
Un manual práctico

Primera edición: agosto, 2025

D. R. © 2025, Jumko Ogata

D. R. © 2025, derechos de edición mundiales en lengua castellana:
Penguin Random House Grupo Editorial, S. A. de C. V.
Blvd. Miguel de Cervantes Saavedra núm. 301, 1er piso,
colonia Granada, alcaldía Miguel Hidalgo, C. P. 11520,
Ciudad de México

penguinlibros.com

Amalia Ángeles, por el diseño de interiores

Penguin Random House Grupo Editorial apoya la protección del *copyright*. El *copyright* estimula la creatividad, defiende la diversidad en el ámbito de las ideas y el conocimiento, promueve la libre expresión y favorece una cultura viva. Gracias por comprar una edición autorizada de este libro y por respetar las leyes del Derecho de Autor y *copyright*. Al hacerlo está respaldando a los autores y permitiendo que PRHGE continúe publicando libros para todos los lectores.

Se reafirma y advierte que se encuentran reservados todos los derechos de autor y conexos sobre este libro y cualquiera de sus contenidos pertenecientes a PRHGE. Por lo que queda prohibido cualquier uso, reproducción, extracción, recopilación, procesamiento, transformación y/o explotación, sea total o parcial, ya en el pasado, ya en el presente o en el futuro, con fines de entrenamiento de cualquier clase de inteligencia artificial, minería de datos y textos, y en general, cualquier fin de desarrollo o comercialización de sistemas, herramientas o tecnologías de inteligencia artificial, incluyendo pero no limitado a la generación de obras derivadas o contenidos basados total o parcialmente en este libro y cualquiera de sus partes pertenecientes a PRHGE. Cualquier acto de los aquí descritos o cualquier otro similar, así como la distribución de ejemplares mediante alquiler o préstamo público, está sujeto a la celebración de una licencia. Realizar cualquiera de esas conductas sin licencia puede resultar en el ejercicio de acciones jurídicas. Si necesita fotocopiar o escanear algún fragmento de esta obra diríjase a CeMPro (Centro Mexicano de Protección y Fomento de los Derechos de Autor, https://cempro.org.mx).

ISBN: 978-607-386-180-9

Impreso en México – *Printed in Mexico*

**Para mi abuela Namiko,
por enseñarme a no quedarme callada. ¡Nunca!**

Índice

Introducción. ¿Por qué un manual antirracista? 11
   ¿A quién le corresponde hablar sobre racismo? 15
   ¿Cómo hablaremos del antirracismo? 16
   ¿Por qué escribo yo este texto? 18
   ¿Por qué leer sobre antirracismo? 18
   No le temas a la incomodidad 21

Capítulo 1. Algunos conceptos básicos 25
   ¿Qué son los sistemas de opresión? 25
   ¿Qué es el racismo? 27
   ¿Existe el racismo a la inversa? 29
   ¿Existen las razas? 30
   ¿Qué es la racialización? 32
   ¿Qué es el colorismo? 34
   ¿Cómo se manifiesta la violencia racista? 36
   ¿Qué es el perfilamiento racial? 38
   "¡Yo no puedo ser racista! Mi (amigue/pareja/familiar/empleade) es una persona racializada!" 39
   ¿Qué es el antirracismo? 41
   Blanquitud 42
   Sobre el complejo del salvador blanco 46
   Preguntas para reflexionar 47

Capítulo 2. Historia del racismo y la eugenesia en México 49
   "En México no hay racismo" 49
   ¿De dónde viene el racismo? 50
   Los orígenes coloniales del racismo 51

    El surgimiento del racismo contemporáneo 58
    El mestizaje discursivo 64
    La transformación del mestizaje y "la tercera raíz" ... 71
    Preguntas para continuar la discusión 73

Capítulo 3. Intersecccionalidad 75
    Intersecccionalidad: el origen del concepto 76
    La captura de élite y la comodificación de las identidades 78
    Feminismo interseccional: más allá de "raza, clase y género" 86
    Racismo en el feminismo mexicano 90
    La lucha social es para todas, todes y todos 97
    Preguntas para continuar la discusión 103

Capítulo 4. La letra (racista) con sangre entra 105
    ¿Por qué formar a infancias antirracistas? 109
    Las trampas del "¡échale ganas!" 115
    Los doctorados no quitan lo racista 120
    Menos Revolución francesa, más Revolución haitiana 127
    Preguntas para continuar la discusión 134

Capítulo 5. Representaciones y estereotipos racistas en los medios 137
    Usos racistas del humor 138
    Estereotipos de pueblos indígenas 145
    Estereotipos de pueblos afrodescendientes 148
    Estereotipos de comunidades asiáticas 162
    Sobre los "whitexicans" 165
    Orgullosamente "generación de cristal" 168

Preguntas para continuar la discusión 171
Capítulo 6. Redes sociales e inteligencia artificial 173
   ¿Qué es la cancelación? ¿Funciona? 173
   Destruir los pedestales 183
   La importancia de los matices: "sí, y también…" 185
   ¿La tecnología es "objetiva"? 189
   Preguntas para reflexionar 203

Capítulo 7. ¡Quiero ser antirracista! 205
   ¿Qué podemos hacer? 205

Agradecimientos 214

Introducción
¿Por qué un manual antirracista?

Para comenzar este manual me gustaría contarles un poco sobre mí y las razones por las que decidí escribir este libro. Para empezar, ¿por qué escribí un manual de antirracismo mexicano?

Muches estamos de acuerdo en el hecho de que, hasta 2020, hablar sobre racismo en este país era una odisea casi imposible —se reconocía ampliamente el clasismo, pero el racismo no, qué va, eso nomás era en Estados Unidos—. Esto no significa que no hayan existido personas que denunciaran esta violencia, no obstante, no se les escuchaba con la misma atención que ahora y no existían las circunstancias para hablar de este fenómeno de manera extendida en el territorio mexicano. Con la llegada de las redes sociales, surgió la posibilidad de crear plataformas de mayor accesibilidad para que las conversaciones en torno a la violencia institucional en México no dependieran únicamente de lo que los medios de comunicación tradicionales quisieran discutir. Los *smartphones* permitieron que cualquiera pudiera grabar injusticias que viviera o presenciara, subirlas a internet y denunciar lo ocurrido. Llegamos a la era de los *lords* y las *ladies*; personas de la élite racial y económica del país que estaban acostumbradas a hacer lo que se les pegara la gana sin importar a quiénes se llevaban por delante, repentinamente expuestas ante millones de personas en internet por sus transgresiones. Con la llegada de la pandemia de covid-19 la atención se volcó de manera inusitada hacia lo que ocurría en el espacio virtual. El asesinato de George Floyd a manos de la policía en Estados Unidos, así como las protestas que ocurrieron en consecuencia, reverberaron en México. ¿Acaso existía el racismo en México? Y, sobre todo, ¿quiénes tuvieron el poder de hablar (o no) sobre este tema históricamente?

Fue en este contexto que muchos colectivos y cuentas de redes sociales que publicaban contenido informando sobre el racismo y el antirracismo cobraron fuerza y presencia en internet. Era evidente que, para gran parte de la población, hablar de racismo no solo era un tema de interés, sino una necesidad; los comentarios despectivos de tías lejanas sobre el tono de piel en las fiestas familiares, del guardia de seguridad que nos sigue por toda la tienda, del "le reviso su mochila antes de salir". Un sinnúmero de agresiones que dolían mucho más porque constantemente se descalificaban por terceros. "Ay, no fue para tanto", "no exageres", "¡Qué sensible!". Quienes vivimos el racismo sabemos muy bien que estos eventos nos marcan. El poco valor que se le da a nuestras vidas y la deshumanización de la que somos objeto son heridas que se reabren constantemente, no podemos sencillamente

¿Por qué un manual antirracista?

ignorarlas. **Por ello, este manual es, en primer lugar, una herramienta para las personas a las que nos ha atravesado el racismo.** Un recordatorio de que no lo imaginaste, no estabas exagerando y no merecías que te trataran así. Espero que las palabras aquí contenidas puedan ayudarte a explicar lo que experimentaste y saber que no fuiste la primera persona en sufrirlo, que existen palabras para describir lo que pasaste.

No obstante, este libro también es para aquellas personas que, aunque no viven de manera negativa el racismo, buscan solidarizarse y contribuir a crear una sociedad distinta. Esta lectura pretende ser una guía que acompañe a todas las personas lectoras hacia una acción antirracista en su día a día, es imperativo desmantelar el racismo —¿cómo empezar?—.

Durante los siguientes siete capítulos revisaremos distintos ámbitos en los que se expresa el racismo en nuestra vida cotidiana; algunos ejemplos que nos permitan comprender qué significan los conceptos propuestos y, por último, algunas preguntas para continuar el ejercicio de reflexión en torno a cada tema. El capítulo uno es una introducción a los conceptos básicos que se utilizan para hablar de racismo; es fundamental tener las mismas referencias para saber con certeza que estamos hablando de los mismos fenómenos y categorías. El segundo capítulo está dedicado a la historia del racismo en México; cómo es que la dominación colonial creó categorías para distinguir a la población y la forma en la que estas se fueron adaptando a nuestras dinámicas sociales actuales. El capítulo tres habla acerca de la interseccionalidad, explicando la manera en la que el racismo se vincula con otras formas de opresión, por qué no podemos pensar el antirracismo de manera aislada y cuáles son los referentes para crear solidaridad y organización entre diversas comunidades. El capítulo cuatro es sobre la educación y la manera en la que la creación de conocimiento estuvo atravesada por sesgos racistas, proponiendo la importancia de utilizar la educación como un medio para la liberación colectiva. En el quinto capítulo hablamos acerca del uso de estereotipos racistas en los medios de comunicación y el propósito de estos personajes cómicos para reforzar dinámicas sociales opresivas. Además, revisaremos el fenómeno de los "whitexicans" y los posibles usos subversivos del humor. El capítulo seis está dedicado a las redes sociales y la inteligencia artificial; nos preguntaremos qué es la "cancelación", si realmente funciona y hacia dónde se dirige la lucha antirracista cuando hablamos de tecnología e inteligencia artificial. El séptimo y último capítulo es una reflexión abierta sobre el antirracismo: ¿cómo podemos contribuir?, ¿cuáles son los siguientes pasos? Este es un recordatorio de que no podremos crear una realidad nueva a menos que la imaginemos primero.

Para explicar los conceptos básicos haré referencia a pensadores y pensadoras de México, así como de otras partes del mundo, cuyas ideas no necesariamente son de amplia circulación en nuestro país debido a las barreras lingüísticas o por la falta de distribución de sus libros en este territorio. No solo es importante entablar diálogo con los movimientos antirracistas de Estados Unidos, sino mirar hacia otros países latinoamericanos y del Caribe, con quienes compartimos características que nos permiten articularnos de manera conjunta. ¿Qué dicen las mujeres afrobrasileñas que es relevante para las mujeres afromexicanas? Asimismo, voy a responder algunas preguntas frecuentes con las que me encontré respecto a cada tema que revisaremos.

¿A quién le corresponde hablar sobre racismo?

¿La respuesta corta? ¡A todes! Tenemos la idea de que las únicas personas que pueden y deben denunciar la opresión sistémica son las afectadas. Sin embargo, históricamente los movimientos sociales obtuvieron el reconocimiento a sus derechos gracias a la organización de las personas violentadas junto con quienes se solidarizaron con sus esfuerzos. Como veremos a lo largo de este libro, los sistemas de opresión no existen por separado, "cada quién por su lado", puesto que se construyen en conjunto y dependen unos de otros. En otras palabras, cuando nos enfrentamos al racismo, también cuestionamos la homofobia, el clasismo, la transfobia, el capacitismo[1] y muchas otras formas de violencia. Aunque a todas las personas nos corresponde señalar y cuestionar el racismo, debemos tomar en cuenta que dependiendo de la forma en la que se nos perciba en el espacio público (la racialización, el género, etcétera) se nos escuchará en diferente medida. A algunas personas se les tomará en serio y a otras no. Por ello, habrá algunas circunstancias en las que debamos

---

1 El *capacitismo* es el término utilizado para describir la opresión que viven las personas con discapacidades. Esto describe las prácticas institucionales diseñadas para excluir a las personas que viven con discapacidades, así como las políticas que pretenden erradicar su presencia y existencia en la sociedad.

identificar si nuestra voz es necesaria en ese momento o si es mejor hacernos a un lado para dejarle el micrófono a alguien más. Exploremos por qué ocurren estas diferencias y qué podemos hacer al respecto.

¿Cómo hablaremos del antirracismo?

Este libro está escrito para ser lo más comprensible posible, utilizo palabras sencillas, y si es necesario usar conceptos especializados, explico claramente a qué me refiero, con el propósito de que cualquier persona, sin importar su grado de estudios, pueda aprender y participar en esta conversación. Aunque recurrí a fuentes académicas, también quiero que este libro ayude a las personas lectoras a revalorar el conocimiento que ya tienen, pero que el sistema racista decidió que vale menos porque no se enseña en un aula. Mi presencia en redes sociales hablando sobre racismo y antirracismo comenzó por un interés en facilitar el acceso a la información; condensando conceptos y fenómenos que aprendí de textos académicos y comunicándolos con un lenguaje sencillo, en el que todes les lectores puedan comprender y utilizar la información explicada. Si voy a hablar de racismo, opresión sistémica o interseccionalidad, por poner algunos ejemplos, es fundamental que tú, que me estás leyendo, sepas a qué me refiero y que así estemos (literalmente) en la misma página. De lo contrario, la información no será de utilidad porque solo las personas que se especialicen en determinado tema podrán hacer uso de los conceptos.

¿Por qué un manual antirracista?

También utilizaré mi experiencia personal como referencia para explicar algunos de los conceptos abordados, ya que a través de los años facilitando talleres presenciales y virtuales aprendí mucho de las personas que asistieron y participaron en estos espacios. Respecto al formato, decidí utilizar el lenguaje inclusivo para este manual y no utilizar el plural masculino porque es parte de una dinámica social en la que se invisibiliza a las mujeres y las personas de la diversidad de género. En la medida en la que decidamos apropiarnos de las lenguas que hablamos, podremos imaginar posibilidades de existencia y enunciación que describan precisamente lo que queremos construir. Si no tienes la costumbre de leer o hablar utilizando la "x" o la "e" neutra, esta es una invitación para conocer otras formas de apropiarse y utilizar la lengua, incluso a cuestionar la incomodidad si llegaras a sentirla. Como veremos a lo largo de este libro, en estos sentimientos es que hallamos la posibilidad y la dirección para crecer.

Tal y como explicaré más adelante, la idea rígida y binaria que tenemos del género tiene una relación cercana con el racismo, por ende, utilizar lenguaje inclusivo tiene el propósito de quebrar la noción de lo masculino como lo neutro y utilizar términos que favorezcan la crítica al uso machista de la lengua. Además, cuando existen instituciones dedicadas al registro y estudio del castellano que insisten en limitar los usos que hacemos del lenguaje por considerarlo "incorrecto", voltearnos y hacer lo que se nos pegue la gana también es una forma de ejercer el antirracismo.

¿Por qué escribo yo este texto?

Aunque ya existen libros que hablan sobre el racismo en México, quiero contribuir a la conversación a través de lo que estudié y experimenté como una mujer afrodescendiente y asiáticodescendiente del estado de Veracruz. El racismo se vive de manera distinta dependiendo del género, la expresión de género, la clase, la orientación sexual, el estatus migratorio, la ciudadanía, las discapacidades, entre algunos otros factores. Este texto hace énfasis en dichas intersecciones y en la combinación de teoría y experiencia vivida. Las conversaciones y espacios destinados a hablar sobre racismo se centran muchas veces en lo que ocurre en la Ciudad de México como consecuencia natural del centralismo. Sin embargo, la diversidad racial y cultural del país exige que escribamos sobre lo que ocurre en otras latitudes.

¿Por qué leer sobre antirracismo?

El racismo es un sistema que está presente en cada íntimo detalle de nuestras vidas, estemos conscientes de ello o no. Para el escritor afroestadounidense James Baldwin, eran "los millones de detalles las veinticuatro horas del día que te recuerdan a cada instante que eres un ser humano despreciable". Se trata de una forma de opresión que, además, se ha desarrollado a lo largo de 500 años en este continente. Está tan presente en nuestra cotidianidad que resulta difícil imaginar cómo era la vida antes de esta destrucción. **El racismo**

==¿Por qué un manual antirracista?==

==ha erradicado sistemas enteros de conocimiento, lenguas, tradiciones, historias de vida y memoria. No obstante, desde que existe el racismo, también ha estado presente el antirracismo (aunque no siempre nombrándose de esa manera) resistiendo y saboteando la violencia racista.== El antirracismo es una manera de reapropiarse la narrativa y sus efectos sobre nuestros cuerpos, nuestra historia y hacer el esfuerzo por sanar las heridas que deja en nuestras vidas. Supone desarticular la explotación de los cuerpos que "aguantan más", de los que supuestamente no sienten dolor, y de los que han sido considerados meros animales de carga. El antirracismo se puede expresar de muchas formas, y este texto está dirigido a todas las personas interesadas en conocer más al respecto y ejercer el antirracismo. Lo que yo puedo ofrecerles en este libro a las personas que han vivido la violencia del racismo es un conocimiento que les reitere que las experiencias que han tenido son válidas; no fueron exageraciones, ni inventos, sino agresiones que son inadmisibles y que debemos erradicar. A las personas blancas, les ofrezco el espacio para aprender sin juicios, con la información básica que deben saber para adoptar también la lucha antirracista, creando un espacio para desaprender el racismo que nos han inculcado a todas las personas por igual.

El primer paso para ejercer el antirracismo es informarse. Me encuentro frecuentemente con personas que animadamente expresan su devoción a la causa, que quieren cambiar el mundo y contribuir a que las cosas sean distintas. Pero en ese camino, piensan que aprender de lo que hicieron quienes les antecedieron es lo último que hay que hacer, que lo importante es hacer algo, lo que sea, de inmediato. Aunque tener esa determinación es fantástico, antes hay que saber contra qué se está luchando y de qué se está hablando. De lo contrario, es menos probable que se puedan hacer contribuciones significativas, porque no sabemos qué propusieron activistas del pasado, qué significan las palabras que usamos con tanta facilidad, ni el contexto en el cual se desarrolla el pensamiento al que nos suscribimos. El proceso de aprendizaje puede verse de muchas formas; para algunas personas puede ser leer textos de teoría, pero también es ver videos al respecto, escuchar *podcasts*, asistir a encuentros de colectivos que luchen por los derechos humanos, platicar con las personas mayores en nuestra familia y preguntarles sobre sus experiencias. Informarse puede ocurrir de muchas formas, lo importante es esa búsqueda de conocimiento y cuestionar los paradigmas de la sociedad (racista) que forjan nuestra forma de pensar de manera consciente e inconsciente. Por ello, les comparto mis propias reflexiones y aprendizajes, derivados de las lecturas, conferencias, conversaciones, películas, series y demás medios a los que dediqué buena parte de mi atención durante los últimos años.

    En el tiempo que pasé compartiendo información sobre racismo y antirracismo, tanto en redes sociales como en persona, me fui encontrando con una serie de preguntas que se repiten en todos los espacios en los que estuve. A partir de ese patrón fue que determiné el contenido de este manual, planteando una serie de reflexiones al final de cada capítulo para que puedas integrar las ideas de cada parte en tu propio contexto.

Por último, quiero hacer un énfasis en la importancia de los matices. Como resultado de las conversaciones que llevamos a cabo en internet nos quedamos con la impresión de que la información que tenemos sobre un tema únicamente es verdad o mentira, que todo lo que discutimos se puede entender de manera binaria. Es decir, solo hay dos opciones para explicar el mundo que nos rodea, que si no es una cosa es la otra, sin dar lugar a todos los detalles, excepciones, rodeos y nuevas posibilidades que existen en el mundo que habitamos. Por ello, te invito a expandir tus horizontes mentales; a abrirte a la posibilidad de que pueden coexistir varias verdades en torno un tema y que una no invalida a la otra. La existencia humana no se divide en "bien y mal" (de hecho, más adelante hablaré de la influencia del colonialismo en esta manera de concebir el mundo), por lo que hablar en los mismos términos absolutistas no nos resultará de utilidad para describir la forma en la que se manifiestan los múltiples sistemas de opresión y cómo se articulan entre sí. Los sistemas de opresión no se manifiestan de manera única; debemos entender estos matices para identificar todas las maneras en las que se expresan.

No le temas a la incomodidad

En este espacio abordaré temas complejos que despiertan reacciones viscerales en les lectores, ya sea porque alude a una experiencia en la que puedes reconocer que fuiste agredide, o porque puedes reconocer que tú cometiste una agresión de este tipo. Crecimos y vivimos en una sociedad profundamente racista, nadie puede escapar de estas ideas en nuestro entorno, por lo que quiero destacar la necesidad de evitar sentimientos vacíos de culpa que no contribuyen a nada. Todas las personas hemos tenido ideas o cometido actos racistas, sin importar nuestra identidad. Quizás expresamos ideas que son dañinas a nuestros propios cuerpos porque es lo que escuchamos día a día en todos lados, en la escuela, en casa, en reuniones familiares, en el trabajo o en los medios de comunicación. Por ello, les invito a leerme con una perspectiva abierta a la reflexión y la autocrítica. Esto es, date la oportunidad de sentir lo que lees y darte el espacio para pensar detenidamente cómo te afectaron los fenómenos que estaré describiendo. Si en algún momento necesitas un descanso porque lo que describo te recuerda a eventos dolorosos en tu vida o a las experiencias que te contaron tus seres queridos, descansa. Si se te hace un nudo en la garganta porque esta lectura te lleva a pensar en recuerdos dolorosos o situaciones que quisieras cambiar, llora. Yo misma tuve que reaprender a escuchar mi cuerpo y a dejar que la información se asiente en él. Porque no estoy sencillamente leyendo teoría, no estoy estudiando por estudiar. Trabajo este tema porque me atraviesa todos los días, y travesó a mi familia a lo largo de generaciones. Parte del proceso es hacernos el espacio para sanar las heridas que cargamos, las que nos heredaron, aquellas que ni siquiera tenemos presentes de manera consciente, pero que nos acompañan todos los días.

Por otro lado, puede que sientas incomodidad con algunos de los conceptos porque reconoces que actuaste o pensaste de manera racista. Esto no significa que eres la

• ¿Por qué un manual antirracista? •

peor persona del mundo y que no tienes derecho a tratar de ser antirracista. Sencillamente es una muestra de lo interiorizadas que tenemos estas ideas y lo normalizadas que están. Déjate sentir esa incomodidad, no lo plantees como una afrenta personal y suéltalo. **Todas las personas estamos aprendiendo constantemente a navegar el mundo, creo firmemente en la posibilidad de permitirnos aprender de nuestros errores y crecer a partir del conocimiento.** Lo importante no es decir que eres antirracista, sino respaldar esa etiqueta con acciones antirracistas que sean en beneficio de les demás.

Algunos conceptos básicos

Vamos a empezar definiendo algunos conceptos básicos; el primer paso cuando queremos formar parte de un esfuerzo antirracista es aprender cómo funciona, cómo se expresa y las maneras en las que afecta a las personas. Es importante tener en cuenta las mismas ideas cuando utilizamos estos términos para comunicarnos de manera eficiente y saber que estamos "en la misma página". Los términos utilizados aquí serán mencionados a lo largo del libro, por lo que, si en algún momento olvidaste qué significa alguna de las palabras o los conceptos, siempre puedes regresar a este capítulo a refrescar tu memoria.

¿Qué son los sistemas de opresión?

Para empezar, debemos definir qué son los sistemas de opresión y la opresión sistémica, ya que se mencionarán a lo largo del texto. Los sistemas de opresión se originan a partir de ideas jerárquicas, en las que personas que pertenecen a una categoría social son consideradas inferiores de acuerdo con el criterio establecido por un grupo dominante, que determina la distribución de recursos y de poder. Por ende, otorgan beneficios a un grupo de personas a costa de la discriminación y violencia hacia otro grupo. Estas ideas discriminatorias se expresan a través de las instituciones; en las políticas, leyes, regulaciones, etcétera, por eso se conocen como formas de opresión sistémicas o institucionales; porque se crean, replican y aplican a nivel colectivo a través de la autoridad. No se trata únicamente de considerar las actitudes discriminatorias de un grupo de personas a otro, sino el poder y los recursos que respaldan a alguno de los grupos como para crear repercusiones en la calidad de vida de ambos. En otras palabras, aunque funcionan a partir de la discriminación, el factor principal es el poder que respalda las acciones discriminatorias, convirtiéndolas en leyes o en normas sociales. En este sentido, hay múltiples formas de opresión que pueden estar basadas en el género, la raza, la clase, la orientación sexual, la identidad de género, la discapacidad, entre otras. La opresión sistémica no solo se construye a partir del poder que ejerce un grupo sobre otro, sino que también depende de la concentración de recursos que se obtiene a partir de la explotación de los grupos oprimidos; despojándoles de territorio, formas de conocimiento, sus lenguas, entre muchos otros factores. Esto crea una desigualdad en las condiciones de vida; el acceso a educación, servicios de salud, empleo y vivienda de calidad. Las personas que pertenecen a los grupos privilegiados tienden a tener exceso de recursos,

• Algunos conceptos básicos •

mientras que los grupos oprimidos sufren carencia. Además, los grupos privilegiados crean narrativas que son diseminadas a través de los medios de comunicación y la ciencia en la que afirman que la carencia de los grupos oprimidos es su propia culpa porque son inherentemente inferiores; si no tienen la misma riqueza es porque no tienen la inteligencia o la motivación para trabajar. De esta manera, justifican la desigualdad y evitan reconocer el despojo que cometen de manera regular. A su vez, los sistemas de opresión crean una identidad dominante que se expresa a través de su desprecio por las categorías que consideran inferiores, prueba de ello son las expresiones racistas ("no seas indio"), misóginas ("ay, ¿ya vas a llorar como niña?"), clasistas ("pareces pobre") y demás que reafirman el rechazo por las categorías que no imperan en la clase dominante.

¿Qué es el racismo?

El racismo es un sistema de opresión que creó la categoría de "razas" y le adjudicó un valor a cada una de ellas. La raza "blanca" es sostenida como la mejor, y todas las demás como inferiores. Esto, con el propósito de justificar la invasión y el dominio por parte de un grupo muy reducido de personas sobre el resto del mundo, bajo la premisa de que tienen el derecho a gobernar e imponer sus formas de vida porque son "las mejores". Se reparten de manera desigual el poder, los recursos y el acceso a diversas oportunidades con base en la pertenencia a un grupo racializado que tiene poder (como las personas blancas) o un grupo racializado históricamente explotado y oprimido (como las personas negras). Con todo, estas divisiones no funcionan de manera absoluta, es decir, no son los únicos factores que determinan el acceso que tendremos a ciertos espacios, recursos y oportunidades, como veremos más adelante.

Cuando hablamos sobre racismo es necesario considerar de dónde estamos tomando la definición, ya que algunas fuentes no se especializan en estudios sociales y transmiten ideas equivocadas o incompletas sobre el término. Este es el caso de las definiciones que ofrece el *Diccionario de la Real Academia Española* que, a pesar de actualizarse con los años, continúa haciendo más daño que sirviendo de ayuda para comprender qué es el racismo y cuáles son sus consecuencias. En 2021 la definición que ofrecían era la siguiente: "La exacerbación del sentido racial de un grupo étnico que suele motivar la discriminación o persecución de otro u otros con los que convive".[2] No obstante, esta definición no resulta útil para entender las dimensiones institucionales del racismo porque asume que todas las personas están en igualdad de condiciones y que cuando se discrimina a alguien que pertenece a otro "grupo étnico", las consecuencias son las mismas.

Para 2025 la RAE modificó su definición de "racismo", estableciéndolo ahora como la "creencia que sostiene la superioridad de un grupo étnico sobre los demás, lo

---

[2] Real Academia Española (@RAEinforma). 2021, 16 de septiembre. "#RAEconsultas. El término «racismo» se refiere a la 'exacerbación del sentido racial de un grupo étnico que suele motivar la discriminación o persecución de otro". https://x.com/RAEinforma/status/1438451823678005252

• Algunos conceptos básicos •

que conduce a la discriminación o persecución social".[3] Aunque esta es una mejora respecto a su propuesta anterior, sigue siendo insuficiente para detallar la complejidad de este sistema de opresión. Hay que considerar que el diccionario pretende reunir y documentar miles y miles de palabras para ponerlas a disposición de una audiencia general, por lo que no pueden darse el lujo de escribir extensas definiciones que capturen todos los matices de un fenómeno tan extenso. En este sentido, no sugiero utilizar el diccionario para hallar definiciones de fenómenos sociales y sistemas de opresión, ya que buscan dar una noción muy general y no son creados por especialistas en estos temas. En su lugar, sugeriría leer las definiciones creadas desde la sociología y la antropología, pues fueron escritas a partir de la investigación rigurosa.

¿Existe el racismo a la inversa?

El racismo forma parte de un sistema, es decir, que está reforzado por las leyes y reglas determinadas por quienes están en el poder. Este es, precisamente, el factor fundamental para identificar si una agresión es racista o no. Por eso es necesario agregar "a la inversa" para aclarar la diferencia entre el racismo convencional y estas formas de discriminación, pues reconoce que no se están llevando a cabo las dinámicas convencionales respaldadas por quienes tienen poder institucional. En otras palabras, que la persona que pertenece a la élite y es tradicionalmente

---

[3] Diccionario de la lengua española, "racismo". Última modificación el 30 de enero de 2025. https://dle.rae.es/racismo?m=form

la agresora, ahora, es agredida. Aunque sí puede tratarse de una agresión a nivel individual, no es de carácter racista porque la agresión no está respaldada por violencia sistémica. Por ejemplo, si una persona insulta a otra diciéndole "pinche prieto", se trata de un acto racista porque existe toda una historia, leyes y normas en el espacio público que refuerzan la violencia hacia las personas que son leídas como "prietas". Utilizar "prieto" como insulto es resultado del desprecio por las personas que no son blancas. Por otro lado, si una persona le dice "pelos de elote" a otra, aunque puede herir sentimientos, esa es toda la extensión del daño posible. En todos los demás ámbitos de la sociedad, tiene privilegios que le permiten acceder con mayor facilidad a todos los recursos necesarios. Esto no significa que no tenga dificultad alguna en la vida, sino que la "raza" no es una categoría que deba tener presente porque no le afecta de manera negativa.

¿Existen las razas?

Biológicamente no existen diferencias suficientes entre los seres humanos como para categorizarnos de esta manera. Sin embargo, socialmente son reales porque determinan el acceso que tendrán las personas a servicios de salud, educativos, de vivienda, laborales, entre otras. Aunque pueda sonar irónico, en la creación de este sistema, se gestó primero el racismo y después la categoría de "raza", ya que las divisiones raciales surgieron de la necesidad de justificar el dominio y normalizarlo. En otras palabras, primero ocurre la invasión, el despojo y la colonización,

• Algunos conceptos básicos •

y después se justifican los hechos, señalando que es la victoria "natural" de quienes son supuestamente "superiores". Desafortunadamente, nos enseñaron ideas biológicas sobre la raza que nos hacen creer que si tenemos ciertas habilidades o dificultades se debe a nuestra pertenencia a estos grupos. Tal vez escuchaste alguna vez frases como "soy buena para bailar porque tengo ancestros negros" o "me gustan las tortillas porque tengo ancestros indígenas". Este tipo de oraciones entiende la raza como algo biológico porque asigna características físicas y mentales, talentos, vulnerabilidades o fallas de acuerdo con la categoría racial. Estas ideas son dañinas porque no se preocupan por categorizar a los seres humanos con base en sus acciones, sino haciendo asociaciones entre las características físicas y la personalidad, asumiendo lo mejor o lo peor de una persona de manera completamente arbitraria. Casualmente, las características asociadas con la categoría "blanca" son todas buenas, mientras que las que pertenecen a las demás suelen asociarse con características negativas. Esta lógica está presente en frases populares como "la culpa no la tiene el indio sino el que lo hace compadre", que significa que si decidimos confiar en una persona que no tiene buena reputación y nos hace daño, es nuestra propia culpa por asociarnos con alguien que sabíamos desde el principio que era extraña. Este tipo de frases nos enseña que hay ciertas personas que no son de confiar porque son de una "raza mala", y así es como van permeando ideas racistas en nuestra vida cotidiana, forjando de manera consciente o inconsciente la manera en la que pensamos de ciertas comunidades o "razas".

¿Qué es la racialización?

Si no existen las razas, ¿cómo funciona el racismo? **En lugar de pertenecer a una raza, todas las personas pasamos por un proceso de racialización.** Esto significa que, con base en nuestros rasgos, el color de nuestra piel, la textura de nuestro cabello, la lengua que hablamos, el acento que tenemos al hablar, e incluso el lugar del que somos, se nos coloca dentro de una de una categoría racial. La racialización también supone un proceso de autoadscripción, es decir, cómo nos identificamos. En un país como México, que se ha esforzado tanto por eliminar las identidades indígenas y negras, asociar estas identidades con características negativas fue una parte fundamental para impulsar a que la población se identifique como mestiza (hablaremos de esto detalladamente en el capítulo dos). Se trata menos de un proceso "biológico", que de un proceso social e ideológico. Por ello, debemos recordar que las discusiones sobre la raza son fundamentalmente de naturaleza social y posteriormente se buscan justificar a través de la biología. Todas las personas somos racializadas, puesto que pasamos por un proceso a través del cual nos ubican en una categoría racial de acuerdo con la interpretación que se hace de nuestras características físicas. Estas son categorías flexibles, que, con contadas excepciones, pueden modificarse de acuerdo con el contexto en el que estemos. La racialización es un proceso que depende en parte de nuestra manera de identificarnos, pero también de la manera en la que nos perciben las demás personas. Por ello, el entorno puede colocarnos en categorías raciales nuevas o poco utilizadas por nosotres

• Algunos conceptos básicos •

hasta entonces. Por ejemplo, la categoría "indígena"[4] resulta compleja de definir, puesto que es un término que pretende abarcar a todos los pueblos originarios que no se conformaron como Estado-nación. Las personas indígenas tienen características físicas muy diversas, por lo que su racialización corresponde más bien a características culturales (como la lengua, formas de vida, tradiciones, etcétera). También se asocian características físicas con la categoría "indígena", sin embargo, su origen alude más bien a una serie de condiciones jurídicas, por ejemplo, que fenotípicas.

Por ende, las personas blancas también son racializadas; pasan por el mismo proceso de categorización de acuerdo con sus características físicas. No obstante, a diferencia de las personas que no son blancas, la raza no es una categoría que tengan que considerar de manera consciente porque no influye de manera negativa en sus vidas. Se popularizó el uso de la palabra "racializado" para referirse a las personas que no son blancas, aunque técnicamente no sea preciso. En este libro elegí utilizar el término de esta manera, ya que reconozco que más allá de los términos creados dentro de la academia, es una palabra que fue apropiada por personas que no son blancas para reconocerse como tales.

De manera fundamental, el racismo supone la división de los seres humanos dentro de categorías arbitrarias de "raza", y el siguiente paso es convertir a quienes no están dentro del grupo dominante en un *Otro*. No solo se

---

[4] Para mayor información, revisar: A. Gil, Yasnaya Elena. 2017. "Ëëts, atom. Algunos apuntes sobre la identidad indígena" en *Revista de la Universidad*, núm. 1, pp. 17-24. https://www.revistadelauniversidad.mx/articles/f20°c5ef-75e2-44d0-8d5b-a84b2a87b7e3/eets-atom-algunos-apuntes-sobre-la-identidad-indigena

trata de hacer una distinción entre "el normal" y el *Otro*, sino de deshumanizar a aquel cuerpo que no se parece al dominante. Históricamente, todas las culturas del mundo tienen términos para referirse a su propia comunidad, así como palabras para referirse a quienes son extranjeros y no necesariamente de una manera racista. Con base en estas palabras deshumanizantes se justifica el despojo, la agresión y el maltrato hacia ciertos sectores de la población. La primera palabra que me viene a la mente para explicar este concepto en México es la palabra *naco*. Cuando era estudiante universitaria, platicaba alguna vez con un amigo de cualquier cosa, y repetía una y otra vez "ay sí, qué naco... es que es súper naco hacer eso..." hasta que le pregunté por qué usaba ese término racista. Muy indignado, me dijo que no estaba haciendo referencia a las personas indígenas, sino a la gente maleducada que tiraba basura en la calle, o que no respetaba las señales de tránsito. El problema con esta lógica es, por una parte, que la palabra claramente está asociada con los pueblos originarios (particularmente con el pueblo totonaco), y si se utiliza como término despectivo, se refuerza la asociación entre las personas indígenas y algunas características negativas (como ser "maleducado", "ignorante", etcétera).

¿Qué es el colorismo?

El colorismo es un término acuñado por la escritora afroestadounidense Alice Walker, que se refiere a los privilegios o dificultades que enfrenta una persona por el color de su piel. De la misma manera, en América Latina se suele utilizar con mayor frecuencia el término "pigmentocracia" para referirse a este mismo fenómeno. En México, el tono de piel es un factor importante a considerar cuando hablamos de discriminación racial, pues existe evidencia de que es un factor determinante en el acceso que se tiene a diversas oportunidades; por ejemplo, en el ámbito laboral.[5]

El colorismo es una de las expresiones más evidentes del racismo, ya que cuando hablamos de este sistema solemos concentrarnos únicamente en el tono de piel como factor de discriminación. Es uno de los primeros factores que influye en nuestra experiencia racial. Los medios son un ejemplo claro del acceso que da la piel más blanca —la mayoría de las personas que aparecen en los comerciales, los noticieros, las series y las películas es de piel blanca—. Las pocas personas de tez oscura que aparecen son caracterizadas como criminales o en programas del gobierno para las personas empobrecidas. En este contexto, no es casualidad que exista una alta demanda por cremas blanqueadoras para la piel, los medios permiten relacionar el éxito y el bienestar con un tono de piel más claro, pero, además, las oportunidades laborales son mayores. El colorismo es tan importante que incluso influye en dónde podemos comer —en agosto de 2022 se hicieron públicas declaraciones por parte de trabajadores de la cadena de

---

[5] Aquí algunas fuentes que puedes consultar al respecto:
Ramos, Marcia. 2022, 2 de marzo. "En México, ser moreno podría complicar tu ascenso laboral", en *Diario del Sur*. https://www.diariodelsur.com.mx/local/en-mexico-ser-moreno-podria-complicar-tu-ascenso-laboral-7932615.html
Campos Vázquez, Raymundo M., Medina Cortin, Eduardo M. 2018. "Identidad social y estereotipos por color de piel. Aspiraciones y desempeño en jóvenes mexicanos". *El trimestre econ* [online] vol. 85, núm. 337. https://www.scielo.org.mx/scielo.php?script=sci_arttext&pid=S2448-718X2018000100053

restaurantes Sonora Grill en las que afirmaban que los dueños les obligaban a acomodar a las personas en una zona, y en otra mucho más visible a las personas blancas. Además, supuestamente atendían mucho mejor a las personas que sentaban en la sección blanca—.[6]

La lógica del colorismo asume que las personas de piel morena/más oscura están menos capacitadas o no se ven tan profesionales como las personas blancas/de tez clara. Por ende, el acceso que se tiene a ciertos puestos de trabajo está mediado por algo tan arbitrario como el color de la piel, en lugar de las habilidades de la persona para realizar un trabajo.

¿Cómo se manifiesta la violencia racista?

El racismo se expresa de muchas formas en todos los ámbitos de nuestra vida. La normalización de la violencia impide que reconozcamos la manera en la que el racismo determina muchas de nuestras experiencias de vida, ya sea en nuestro beneficio o en nuestra contra. Tal vez solo identificamos algunos tipos de discriminación, pero es necesario partir del hecho de que el racismo fundamentalmente deshumaniza a todas las personas que no son blancas. Nos convierten en objetos, animales, decoraciones o monstruos a los que se les tiene miedo, desdén e incluso deseo al mismo tiempo. Prueba de ello, es la

---

[6] Zerega, Georgina. 2022, 2 de agosto. "Una denuncia por discriminación en Sonora Grill, restaurante de Ciudad de México, reabre el debate del racismo". https://elpais.com/mexico/2022-08-02/una-denuncia-por-discriminacion-en-sonora-grill-un-restaurante-de-ciudad-de-mexico-reabre-el-debate-del-racismo.html?event_log=oklogin

· Algunos conceptos básicos ·

cantidad de términos utilizados históricamente para referirse a las personas racializadas que también se utilizaban para los animales. "Cimarrón", la palabra utilizada para nombrar a las personas negras que huían de la esclavitud, también hace referencia al ganado salvaje. "Mulato", la palabra utilizada para hablar de una persona que tiene ascendencia negra y blanca, tiene su origen en "mula", la palabra para referirse al animal que es producto de una yegua y un burro. La forma primordial de violencia racista es el lenguaje, pues forja la manera en la que nos entendemos a nosotres mismes y a lo que nos rodea. Más adelante hablaremos acerca del poder de reapropiarse las palabras que pretendieron menospreciarnos. Por el momento, únicamente señalo las dinámicas racistas presentes en palabras normalizadas en el vocabulario colectivo.

Es probable que estemos más familiarizados con la violencia racista de manera individual y a nivel interpersonal; por ejemplo, los comentarios que escuchamos en la familia, como que alguien se ve "muy prieto", o que los bebés más bonitos son los "güeritos", o que hay que "mejorar la raza". También están las agresiones verbales, que utilizan términos peyorativos (naco, indio) para humillar a una persona, que suelen justificarse diciendo que se trata de "una broma" (de esto hablaremos con detenimiento en el capítulo cinco). Si escarbamos un poco en estas experiencias, tanto las propias como la de las personas que nos rodean, nos daremos cuenta de que no son coincidencia, sino que quienes formamos parte de las mismas categorías raciales tenemos muchas experiencias en común. Aquí entra la dimensión institucional, pues estas son las que determinan la distribución de los recursos y las oportunidades. Como fueron creadas con un sesgo racista, entonces, se excluye a las personas racializadas de acceder a educación, servicios de salud, oportunidades laborales con salarios dignos, vivienda digna, entre otras. A lo largo de cada capítulo abordaremos las diversas expresiones de violencia racista en la sociedad mexicana, sin embargo, propongo ubicar estas experiencias en un contexto colectivo. El problema no solo es la agresión individual que se vive, sino la cantidad de personas que comparten este tipo de experiencias; lo único que tienen en común es que pertenecen a una misma "raza".

Aunque el racismo nos afecta a todos, tiene distintas expresiones para cada categoría racial. Por ello, cuando queremos hablar específicamente del tipo de violencia que vive alguna de las comunidades racializadas, las nombramos de manera explícita, pues tienen algunas características que las distinguen de las demás. En este sentido, en México podemos hablar de racismo antinegro, antiindígena y antiasiático, pues históricamente se han desplegado distintos mecanismos para segregar, asimilar u omitir la presencia de estas "razas" en México. En el capítulo dos hablaremos acerca de la historia de estas comunidades en el país, para comprender cómo se manifiesta cada tipo de racismo.

¿Qué es el perfilamiento racial?

Esta es una de las formas en las que se expresa frecuentemente el racismo en México. De acuerdo con el Consejo Nacional para Prevenir la Discriminación (Conapred), el

• Algunos conceptos básicos •

perfilamiento racial es "cuando un agente encargado de hacer cumplir la ley considera sospechosas a las personas por quienes son, es decir, por el aspecto que tienen, el color de su piel, su origen étnico o nacional, su religión, etcétera, y no por su comportamiento".[7] Un ejemplo de estas prácticas son las personas a las que se les pide que abran la bolsa al salir de un supermercado o tiendas de centros comerciales. Los guardias siempre dirán que es política de la empresa, sin embargo, las personas racializadas sabemos por experiencia que sin importar cómo nos comportemos, invariablemente seremos acosadas en estos espacios hasta que salgamos. El perfilamiento racial se utiliza como una medida de control social; para reforzar la vigilancia sobre los cuerpos que se consideran inferiores y regular el acceso de esas personas a los espacios.

"¡Yo no puedo ser racista! Mi (amigue/pareja/familiar/empleade) es una persona racializada!"

Esta es una respuesta que solemos escuchar cuando una persona (blanca, por lo general) es acusada de ser racista, como justificación de su "inocencia". Como si tener alguna interacción frecuente o relación afectuosa con una persona racializada fuera prueba de su apertura de pensamiento. Este no es un argumento utilizado únicamente para hablar de racismo. Seguro han escuchado a un hombre

---

[7] Conapred. 2018. *Guía para la acción pública. Prevención de prácticas de perfilamiento racial.* P. 13. https://sindis.conapred.org.mx/wp-content/uploads/2020/05/GAP_Perfilamiento_web_2018_Ax.pdf

decir alguna vez que "no es machista porque tiene esposa e hijas". La lógica tras este tipo de afirmaciones es que, si una persona realmente pensara de forma opresora, sencillamente le sería imposible tolerar, mucho menos querer, a una persona de un grupo oprimido. Sin embargo, la proximidad con una persona racializada no significa necesariamente que se tenga conciencia sobre el racismo o el antirracismo. Muchas veces son personas de nuestra propia familia las primeras en hacernos comentarios racistas. Mencioné también a les empleades como parte de las personas evocadas para evitar reconocer el racismo propio porque esta es una excusa aún más "tramposa". Cuando existe una relación de poder de por medio, en la que la persona podría sufrir represalias o perder su empleo, no es justo ponerles en una posición en la que no tienen más que alabar y celebrar las actitudes de sus jefes.

La discriminación institucional no es una decisión individual; una persona no es racista o machista porque sea "mala persona". La sociedad está construida de manera tal que, desde el comienzo de nuestra vida, nos exponen e instruyen respecto a las categorías de opresión y nuestro lugar en ellas. Aunque sean ideas que nos dañen, las interiorizamos porque están presentes en todos los ámbitos de nuestra vida, tanto públicos como privados. Sí existen actos realizados explícitamente con el propósito de agredir, sin embargo, también pueden ocurrir, aunque la persona tenga "buenas intenciones", porque se normalizó a tal grado el racismo que ni siquiera nos damos cuenta de las ideas racistas que aún tenemos.

• Algunos conceptos básicos •

En lugar de desentendernos de nuestra responsabilidad y excusarnos en las identidades de las personas con las que nos relacionamos, debemos permitirnos un espacio de reflexión. ==Si nos enorgullecemos de relacionarnos con personas racializadas, vale la pena preguntarnos si alguna vez hicimos algún comentario o acción que haya agredido a la otra persona. ¿Alguna vez nos preocupamos por preguntar? Y, sobre todo, ¿estaríamos en la disposición de escucharles sinceramente?==

Las identidades no son garantía de una postura política (como veremos en el capítulo tres), si queremos ser antirracistas, debemos tener la disposición de reconocer cuando nos equivocamos, honestamente y sin sufrirlo, con la voluntad sincera de cambiar nuestras ideas y actitudes para contribuir a la liberación colectiva.

¿Qué es el antirracismo?

==Es la serie de herramientas, actitudes y propuestas que buscan eliminar el racismo como un factor determinante en nuestras vidas.== En otras palabras, el antirracismo busca que todas las personas tengan acceso a una vida digna y libre de violencia. Podría parecer lógico que el antirracismo plantee la destrucción de las categorías raciales, no obstante, como vimos en la definición de racismo, primero se creó este sistema de opresión y después las categorías a través de las cuáles se llevaría a cabo. Por ello, aunque la meta a largo plazo sí es dejar de utilizar las categorías raciales para definirnos, considerando el hecho de que siguen determinando nuestras experiencias de vida, debemos tomarlas en cuenta para describir lo que vivimos y su naturaleza arbitraria.

Blanquitud

Un concepto muy importante que surgirá de manera reiterada en esta conversación es el de la *blanquitud*. En América Latina, se reconoce al filósofo Bolívar Echeverría[8] como uno de los principales teóricos en abordar este tema, mientras que, en el mundo angloparlante, se le adjudica la creación de este término (*whiteness*) a W. E. B. Du Bois,[9] escritor y abolicionista de la esclavitud afroestadounidense. Este término fue utilizado para referirse a un sistema que provoca/promueve diversas expresiones de violencia y despojo basadas en el racismo, por lo que les invito a no considerar las definiciones que les daré como las únicas, sino como el punto de partida para continuar identificando las maneras en las que se presenta la blanquitud en distintos contextos de nuestro país.

La blanquitud no se refiere sencillamente al color de piel, sino a un sistema, una forma de ejercer el poder de manera desmedida y arbitraria. Es también una manera de entender el mundo. A partir del punto de vista occidental, se valora únicamente lo blanco, heterosexual, masculino, cisgénero,[10] sin discapacidades, individualista,

---

[8] Para profundizar, puedes revisar: Echeverría, Bolívar. 2010. *Modernidad y blanquitud*. Ciudad de México: Ediciones Era.

[9] Para profundizar: Du Bois, W. E. B. 2003. *"The souls of white folks"* en *Darkwater: Voices from within the veil*. De W. E. B. Du Bois, 55–74. Amherst, NY: Humanity Books.

[10] Es decir, las personas que se identifican con el género que les fue asignado al nacer.

• Algunos conceptos básicos •

urbano, capitalista y de religión cristiana. Este punto de vista influye en los valores que nos inculcan, el lugar que creemos tener en la sociedad y la manera en la que tratamos a las personas que nos rodean. Esta forma de entender y de actuar en el mundo se ve respaldada en las instituciones, precisamente por la repartición desigual de poder, en la que una élite blanca y adinerada acapara poder y recursos. La blanquitud hace referencia a la manera en la que pensamos y actuamos, siguiendo una serie de valores occidentales que crean jerarquías de la diferencia. **Siempre que se comparan otras culturas, otros cuerpos u otras formas de relacionarse con la naturaleza, la blanquitud se impone como la forma *única y correcta de existir.*** Este sistema construye la humanidad con base en las personas blancas; son seres humanos capaces de expresar creatividad, de crecer y sentir una amplia gama de emociones positivas y negativas. Por el contrario, las personas que no son blancas son vistas de manera deshumanizada, como herramientas de trabajo, como animales de carga o reproducción, pero no como seres humanos. Además, las personas racializadas ni siquiera tenemos derecho a la individualidad, se nos juzga con las expectativas que se tienen de la "raza" a la que pertenecemos, es decir, a la serie de estereotipos y expectativas jerarquizadas que se le asignan a la categoría racial. No todas las personas blancas actúan de acuerdo con la blanquitud, ni todas las personas que viven de acuerdo con estos estándares son personas blancas. Cualquiera puede "blanquearse" porque la blanquitud no es un color de piel sino un sistema de creencias y valores. No obstante, muchas personas blancas sostienen un pensamiento de acuerdo con la blanquitud porque les concede privilegios en el sistema racista en el que vivimos. Esto se debe al hecho de que la blanquitud es una moneda de cambio que puede ser utilizada para conseguir oportunidades, tanto en el espacio público como en el privado. Esto no significa que todas las personas blancas sean inherentemente malas, sino que todas se benefician de la blanquitud, aunque vivan otras formas de opresión institucional (como el clasismo o capacitismo). Aunque les concede privilegios, también es un sistema dañino para las personas blancas porque las limita a considerar su valor como personas en el hecho de ser blancas. Si no tienen esa identidad, no saben definir quiénes son, dónde pertenecen, ni cuál es su comunidad. La blanquitud requiere una cantidad inmensa de violencia para perpetuarse, que también daña a quien la ejerce. Con esto no quiero equiparar las experiencias de las personas afectadas de manera negativa con el racismo con el de las personas blancas que las violentan, sino que planteo la necesidad de destruir estos sistemas, ya que dañan a todas las personas que participan en ellas.

El mejor ejemplo de la blanquitud en México, el caso de los *lords* y las *ladies* que se hicieron *virales* en las redes sociales. Se trata de personas que cometen algún abuso de poder en público y que son grabadas tratando de saltarse las reglas y pasando por alto la ley. Uno de los primeros casos ocurrió en 2011: un par de mujeres en la Ciudad de México golpeó e insultó a un policía que las detuvo por manejar en estado de ebriedad. Fueron bautizadas como las "ladies de Polanco" en redes sociales por la zona en la que ocurrieron los hechos.[11] Ambas utilizaron insultos homofóbicos y clasistas, además de agredir físicamente al policía. Este acto de agresión demuestra su privilegio, pues si actuaron de esta manera es porque tenían la certeza de que no habría consecuencias negativas; de que se saldrían con la suya y de que la policía no tenía ningún poder sobre ellas. Incluso increparon a quienes las estaban grabando; "y súbelo con López-Dóriga o Loret de Mola" (conductores de noticieros de Televisa en la época), para mostrar su desdén por la situación. En este caso, la blanquitud se expresa a través de la impunidad con la que las mujeres agreden físicamente a los policías sin consecuencias, en el derecho que sienten a insultarlos, aunque ellas fueron quienes transgredieron una regla. No es casualidad que hayan decidido utilizar insultos clasistas; se trata de una manera de reafirmar su propio lugar "superior" en la sociedad, recordarle al policía "su sitio" y que ellas están por encima de su jurisdicción. En un país en el que la brutalidad policiaca y los abusos cometidos por el ejército son frecuentes, cabe preguntarnos por qué en este caso las mujeres pudieron irse de la escena de la agresión sin problema. Aquí también se presenta la pregunta de por qué siendo mujeres las protagonistas, en teoría sujetas a la violencia patriarcal, pudieron agredir a hombres racializados de manera impune. Sobre estos matices hablaremos con mayor atención en los capítulos dos y seis.

---

[11] 2011, 25 de agosto. "Las *ladies* de Polanco. HD HQ (VIDEO ORIGINAL Y COMPLETO)", en WFM. https://www.youtube.com/watch?v=mYWOnId5GbU&themeRefresh=1

Sobre el complejo del salvador blanco

Una de las encarnaciones más claras de la blanquitud es el complejo del salvador blanco, un fenómeno en el que las personas blancas se creen las personas más inteligentes o competentes para resolver los problemas de una persona o comunidad racializada. Pretenden llegar como superhéroes a terminar con los problemas que se presenten. Lo que hace dañinas estas actitudes son dos razones; por una parte, la ayuda se concede de manera paternalista. Se asume cuáles son las necesidades de las comunidades y con base en eso se imponen soluciones que pueden ayudar o empeorar la situación. La ayuda concedida no tiene como propósito mejorar la vida de las personas o comunidades, sino hacer sentir bien a la persona blanca que cree ayudar. La otra razón es la manera en la que se convierte esta "ayuda" en espectáculo; las personas blancas toman fotografías y video, por lo general sin consentimiento, de las personas a las que van a ayudar, mostrándose a sí mismas como "salvadoras". Aunque este fenómeno se popularizó con la llegada de las redes sociales (porque cualquier persona puede subir este tipo de contenido a su perfil), su origen es mucho más antiguo; desde esfuerzos filantrópicos del siglo pasado hasta la manera en la que se presenta generalmente la presencia de autoridades en regiones marginadas.

Mientras tanto, las comunidades que les reciben son retratadas como ignorantes, pasivas, y que no tienen agencia ni inteligencia para determinar sus propias necesidades; requieren forzosamente de una persona blanca que vaya a "salvarles" (de ahí el concepto).

• Algunos conceptos básicos •

Preguntas para reflexionar

¿Cuáles de estos conceptos ya conocías?

¿Cuáles aprendiste por primera vez?

¿Cuáles son las diferencias
entre estas definiciones y las ideas
que tenías antes de la lectura?

¿Cómo cambiaron tu comprensión
del racismo?

¿Alguno de estos términos resuena
con tu experiencia vivida?

Historia del racismo y la eugenesia en México

"En México no hay racismo"

Es probable que hayas escuchado alguna vez que el racismo no existe en México, que lo que tenemos es clasismo. Sobre todo, que las conversaciones del racismo son solo importaciones estadounidenses, que no son relevantes para el contexto nacional, que aquí la raza no funciona de la misma manera. Por ello, este capítulo está dedicado a hablar sobre la historia del racismo en México; sus orígenes, las políticas gubernamentales que impulsaron esta ideología en todos los ámbitos, y cómo las podemos entender en su contexto regional, tanto dentro de América

Latina como en Norteamérica. Afirmar que las conversaciones sobre la "raza" son una imitación de Estados Unidos es una negación de las dinámicas racistas propias que tiene México, así como el legado colonial que nos sigue afectando.

Como parte del recorrido haremos un hincapié en el racismo científico en México durante el siglo XIX. Así como la ciencia hoy se celebra por ser un medio para generar conocimiento, también debemos hablar acerca de sus orígenes coloniales. La erradicación (o esfuerzos por eliminar) formas de conocimiento no occidentales, la experimentación sobre los cuerpos de personas pertenecientes a pueblos negros y pueblos originarios, así como el desplazamiento forzado y el despojo son algunas de las formas de violencia ejercidas en nombre de la ciencia. Reconocer y enfrentar estos hechos nos permite comprender lo arraigado que está el racismo en nuestra sociedad. Solo así podremos notar sus repercusiones en el presente. El sistema de salud en México, por ejemplo, tiene grandes defectos; muchos de ellos son el producto de un pensamiento colonial y racista que debemos desmantelar para ofrecer espacios dignos que atiendan a las personas enfermas.

¿De dónde viene el racismo?

El racismo es un fenómeno que tiene su origen entre los siglos XVIII y XIX, con el desarrollo del racismo científico, pues se buscaba demostrar a través de la ciencia que existían las razas humanas, y que algunas eran inferiores o superiores. Sin embargo, las ideas que dieron lugar al desarrollo de este sistema de opresión tienen su origen en el siglo XV (particularmente en 1492, el año en el que los árabes fueron expulsados de España y se "descubrió" América). ==Aunque el racismo tal y como lo conocemos hoy no existía antes del siglo XIX, la colonización europea instauró categorías jerárquicas para dividir a los seres humanos, la distribución desigual de recursos con base en esta clasificación, así como la esclavización y explotación de comunidades enteras basadas en las mismas jerarquías.== Algunos historiadores afirman que no podemos hablar de racismo antes del siglo XIX porque sería un anacronismo, es decir, que el término no corresponde con la época. Sin embargo, aunque no existía el racismo con las definiciones precisas que entendemos hoy, no significa que fueran inexistentes la opresión, la discriminación y la violencia con base en las características del cuerpo. Las ideas que contribuyeron a la creación del racismo en toda su expresión se fueron forjando y fortaleciendo a lo largo de cientos de años, así como las justificaciones para su existencia.

Los orígenes coloniales del racismo

==La esclavitud comenzó siendo una institución que no tomaba en cuenta el origen étnico o racial de las personas esclavizadas,== es decir, al pensar en el "esclavo" no se pensaba en un cuerpo o un tono de piel en particular. Sin embargo, esto cambió con la llegada de los europeos (particularmente los portugueses) al oeste de África y la colonización del continente americano, cuando la esclavitud adquirió dimensiones inusitadas. Por una parte, la población indígena en las islas del Caribe y el continente americano disminuyó drásticamente debido a la explotación laboral y las enfermedades derivadas de la colonización europea. Por otro lado, los portugueses acudían con mayor frecuencia a las costas del oeste de África para comprar "esclavos" y llevarlos al continente americano para suplir la demanda de mano de obra que requerían las nuevas colonias. **Aunque las personas africanas esclavizadas tenían culturas, lenguas, tradiciones y territorios distintos, ante la mirada europea todos eran "negros". De esta manera, los europeos asociaron de forma inseparable la idea de "raza" con características físicas, adjudicando valores negativos o positivos de acuerdo con la categoría racial.**

Aunque la esclavitud indígena estaba prohibida oficialmente por la Corona española desde el siglo XVI (1546, para ser exactos), muchos amos españoles buscaron conservar a los esclavizados que tenían e incluso se llevaban a personas (principalmente mujeres y niños) con engaños a España para trabajar.[12] Existía una gran diferencia entre los recursos jurídicos que tenían a su disposición las poblaciones indígenas y las africanas/afrodescendientes, ya que en teoría la esclavitud indígena era imposible. Existían leyes cuyo propósito era proteger a todas las personas esclavizadas en contra de abusos, aunque en la realidad no solían ser respetadas. Así como

---

[12] Si quieres conocer más sobre la esclavitud indígena en México y el Caribe, recomiendo *La otra esclavitud. Historia oculta del esclavismo indígena* de Andrés Reséndez (traducción de Maia F. Miret y Stella Mastrangelo).

en el presente existe legislación que protege a poblaciones vulnerables, sabemos que entre el conocimiento de la ley y el acceso a la justicia suele haber una enorme brecha; estas dinámicas existían desde la colonia.

Muches historiadores de México afirman que la esclavitud fue "menos peor" en la Nueva España porque las condiciones de las personas esclavizadas en este territorio no eran iguales a las que se tenían en otras colonias europeas (particularmente las inglesas y las francesas). Sin embargo, por muy "benévolos" que fueran los sistemas coloniales de España en comparación con otros, fundamentalmente se trató de sistemas basados en la explotación y la subyugación de personas esclavizadas para extraer riqueza. Para el historiador Andrés Reséndez "hasta los amos con mejores intenciones participaban en un sistema que producía degradación, explotación y un amargo resentimiento".[13] No era una cuestión personal, de ver qué amos eran más o menos violentos a nivel individual. Al final de cuentas todos participaban en un sistema que estaba basado en la división, jerarquización y explotación de personas negras e indígenas para su propio beneficio. En el caso particular de las comunidades africanas secuestradas, decía el historiador Eric Williams lo siguiente:

> ... el negro, en un ambiente extraño, marcado por su color y sus rasgos e ignorante del lenguaje y maneras del hombre blanco, podía ser mantenido en un permanente divorcio de la tierra. Las diferencias raciales hacían más fácil justificar y racionalizar la esclavitud negra, exigir la obediencia mecánica propia de un

---

[13] Reséndez, Andrés. 2019. *La otra esclavitud. Historia oculta del esclavismo indígena*, traducción de Maia F. Miret y Stella Mastrangelo. México: Grano de Sal/UNAM, p. 62.

buey de labranza o de caballo de tiro, reclamar esa resignación y esa completa sujeción moral e intelectual que son la condición indispensable para hacer posible el trabajo del esclavo.[14]

Lo que esta cita nos recuerda es que la explotación laboral requería la deshumanización de las personas negras; que dejaran de ser vistas como seres humanos y fueran tratadas como ganado. Esto no solo facilitaba su explotación, este tipo de narrativas que se utilizaron para justificar el despojo y la violencia eran fundamentales para sostener los sistemas coloniales.

Ahora bien, no solo vivían explotación laboral las personas negras e indígenas, sino todas las personas empobrecidas que se encontraban bajo el dominio de las élites blancas. Sin embargo, era mucho más barato para las élites blancas esclavizar a personas secuestradas de su lugar de origen, y más fácil subyugar a un grupo de personas que no tenía un vínculo con la tierra ni la posibilidad de llevar a cabo sus prácticas de cultivo tradicionales en ella, que practicaban religiones distintas, fácilmente catalogadas como "demoniacas", y cuyas características físicas podían ser utilizadas como herramientas para deshumanizarles y justificar su supuesta inferioridad. En otras palabras, aunque personas de todas las "razas" eran explotadas, se fue tejiendo un vínculo particular entre cada "raza" y su lugar en un sistema de jerarquías.

En 1808 Napoleón invadió España y, en consecuencia, ocurrieron dos sucesos clave: la fundación de las Cortes de Cádiz, un parlamento cuyo propósito era crear

---

[14] Williams, Eric. 2011. *Capitalismo y esclavitud*, traducción de Martín Gerber. Madrid: Traficante de sueños, p. 48.

legislación en vista de la ausencia del monarca, en ese entonces Fernando VII y, por otra parte, el comienzo de las guerras independentistas de varias colonias de América continental (incluyendo Nueva España). En las reuniones previas a Cádiz, en 1810 un diputado de Tlaxcala propuso la abolición del tráfico de esclavos, y aunque a mediados de 1811 se propuso la abolición progresiva de la esclavitud con indemnización (para los "amos", no las personas esclavizadas), la iniciativa no pasó a mayores. En la Constitución de Cádiz de 1812 no se tomaba en cuenta la abolición de la esclavitud, pero sí existía la posibilidad de otorgarle la condición de "español" (de cierta manera, la condición de "blanco") a los libertos, es decir, a las personas negras que habían obtenido su libertad. Sin embargo, los requisitos exigidos para este proceso eran casi imposibles de cumplir para la mayoría de las personas, por lo que, aunque existiera la posibilidad, las reglas eran tan rígidas que era prácticamente imposible.[15] El acceso a la condición de "español" nos interesa por dos motivos: en primer lugar, muestra que la condición racial está íntimamente vinculada con la condición de clase, incluso antes de cimentarse el concepto de "raza", y por otra parte, que la condición de "español" concedía la ciudadanía a la persona en cuestión. El ciudadano (porque para ese momento únicamente podían ser hombres) le permitía a la persona en cuestión poder votar. Y aunque solo los hombres podían ser ciudadanos, es evidente que los

---

[15] Naveda Chávez-Hita, Adriana. 2010. "El nuevo orden constitucional y el fin de la abolición de la esclavitud en Córdoba, Veracruz, 1810-1825", en *De la libertad y la abolición: Africanos y afrodescendientes en Iberoamérica*, vol. 6, México: Centro de Estudios Mexicanos y Centroamericanos, p. 200. https://books.openedition.org/cemca/1633

hombres indígenas y negros/afrodescendientes estaban excluidos de este espacio.

Vamos a saltar algunos años hasta la culminación de la independencia de la Nueva España, pues fue en este mismo periodo que logró finalmente abolirse la esclavitud en el territorio. Tras repetidos intentos, es hasta 1829 que se decreta oficialmente, gracias a Vicente Guerrero (precisamente el primer presidente mexicano de ascendencia africana e indígena). Sin embargo, la esclavitud no se terminó de un día para otro, y las dinámicas que la sostuvieron persistieron tanto en la vida de las personas esclavizadas como de los esclavizadores. La historiadora Adriana Naveda lo afirma de manera explícita: "Esclavos ya libres o manumitidos, que seguían trabajando en las haciendas como 'personas libres', tuvieron que soportar los remanentes del sistema esclavista asentado en la mentalidad de los amos por al menos dos siglos. Un prejuicio social y racial derivado de una esclavitud que estaba muy reciente".[16] Para reafirmar esta propuesta, la autora comparte la historia de un arriero mulato libre, de la región de Córdoba, Veracruz, llamado Martín. Fue asesinado por el dueño de una hacienda porque este consideró que Martín demoró demasiado en presentarse ante él, por lo que decidió darle muerte con su espada por el atrevimiento.[17] Este hecho nos muestra que un hacendado blanco se sintió con el derecho de quitarle la vida a una persona negra porque aún sentía que tenía el derecho a dominarlo, como si fuera una herramienta o un objeto. Este tipo de formas

---

[16] *Ibid.*, p. 204.

[17] *Idem.*

de violencia es un ejemplo de la lógica colonial de dominación que se mantuvo en la conciencia de los hacendados blancos, y que persiste en la mente de muchas élites económicas actuales.

Por último, en el ejemplo de caso analizado por Naveda, hay un último factor valioso que nos permitirá hacer la transición hacia el siglo XIX, y es el hecho de que, en los registros municipales de Córdoba, Veracruz, en la primera mitad de dicho siglo:

> A todas las personas ya mestizadas se les denomina "mejicanos", y a las personas que tienen sus rasgos visiblemente africanos o indígenas, se les llama "indios" o "negros" [...] los "mejicanos" eran todas las mezclas, producto de los tres grupos [...] pero los individuos con fenotipo claramente africano o indígena no se les integró como "mejicanos".[18]

Aquí tenemos un antecedente importante para las decisiones tomadas respecto a la población a lo largo del siglo XIX y principios del XX. Se construye la idea de lo "mexicano", sin embargo, esta idea sostiene una imagen que no es posible para toda la población y que será cuidadosamente seleccionada en los periodos siguientes.

Ahora bien, para comprender los profundos cambios que ocurrieron a partir del siglo XIX, que incluyeron la transformación de Nueva España a México, es preciso comenzar hablando sobre la eugenesia y la población "perfecta".

---

18 *Idem.*

El surgimiento del racismo contemporáneo

Desde el siglo XVIII la ciencia comenzó a crear sistemas de clasificación de los seres vivos. Para 1758, Carlos Linneo ya había desarrollado una para los seres humanos, dividida en "variedades" en las que describía el color de piel, características físicas, comportamiento, forma de vestir y tipo de gobierno. De acuerdo con las descripciones que hace, podemos ver claramente la relación que tienen estas divisiones con las categorías posteriores de "raza". **Asocia características físicas con comportamientos inherentes y le adjudica una jerarquía a cada "variedad", casualmente poniendo a los blancos en el lugar superior.**

Aunque la ciencia se jactara de ser objetiva y de describir sus observaciones, en la realidad estaban cargadas de los prejuicios de los científicos. Además, el conocimiento era generado en un contexto que les permitiera justificar la invasión y dominio de sociedades supuestamente civilizadas a territorios cuya población era "primitiva". Así como durante la colonia se interpretaron fragmentos de la Biblia para justificar la esclavitud, para el siglo XIX y principios del XX la ciencia era la fuente de "verdad" que determinó la manera en la que debía administrarse cada país y su población.

Tras una serie de guerras de independencia, las nuevas naciones americanas estaban en pleno proceso de construcción. Los científicos veían a la sociedad misma como un organismo, y la ciencia se atribuía la labor del jardinero, cultivando las partes más útiles para el bienestar del organismo y eliminando aquello que le dañara.

¿Cuáles serían las actividades económicas principales? ¿Cómo sería la relación con los pueblos originarios y los pueblos negros? ¿Dónde obtener mano de obra para suplir la demanda de las nacientes industrias? Estas y muchas otras preguntas fueron la preocupación de las élites mexicanas que estaban decididas a resolverlas a través del uso de la ciencia. Una de las herramientas que les facilitó el proceso fue precisamente la eugenesia. **Esta tecnología iba a permitir seleccionar a "los mejores" para construir a la ciudadanía mexicana, además de impedir que poblaciones "poco aptas" continuaran su reproducción y, por ende, retrasaran el progreso de la nación.** Durante el Porfiriato florecieron muchas de estas prácticas, impulsadas por los asesores del dictador, conocidos como "los científicos". Estos pensadores sostenían, por ejemplo, que la educación debía ser reservada únicamente para los más "aptos", es decir, los mestizos y criollos, puesto que los indígenas eran inferiores. Prueba de ello era el hecho de que fueron vencidos por los europeos durante la conquista. Justo Sierra, uno de los pensadores que sostenía estas ideas, incluso creía que era importante atraer a migrantes europeos para que "se mezclaran" con la población indígena y así evitar que ocurriera una supuesta regresión en la civilización mexicana. Durante el proceso de independencia, José María Morelos abolió las "calidades", es decir, lo más cercano a una clasificación racial que existía en México durante la colonia. Esto con el propósito de que todas las personas fueran tratadas por igual. Sin embargo, la eliminación del reconocimiento de estas categorías no significó necesariamente que las personas recibieran un trato distinto, puesto que existían actividades económicas a las que únicamente tenían acceso las personas blancas. Como vimos anteriormente, los dueños blancos de haciendas no cambiaron el trato que daban a las personas que esclavizaron, aunque legalmente ya no existiera la esclavitud. A lo largo de la época colonial podemos ver cómo, a pesar de que la ley estipulara una forma de manejar a la sociedad novohispana, la realidad solía ser muy distinta. Esta misma lógica permaneció en los textos escritos por intelectuales importantes tras la independencia, a lo largo del siglo XIX y principios del XX. De manera concreta, en nuestro país, este proceso iba acompañado del trabajo de intelectuales dedicados a planear el porvenir de México. La tarea que tenían ante ellos era monumental, debían crear cohesión entre una serie de territorios y naciones que poco tenían en común más allá de su pertenencia al imperio español. **Debían, efectivamente, inventar a México.** Su historia en común, tradiciones, población. Esto no se llevó a cabo sencillamente haciendo un registro de todos los sucesos importantes en la historia reciente así sin más. La historia se construye cuidadosamente con un objetivo en mente, no solo en aquella época, sino a lo largo del tiempo e incluso en el presente. Así como existía un desprecio por todo lo indígena por ser asociado con el atraso, gradualmente se dejó de reconocer la existencia de la población negra en los textos históricos. Se afirmaba que habían sido tan pocas las personas africanas esclavizadas que ni valía la pena reconocerlas, y que iban a desaparecer de todos modos (aquí hay un claro enlace con las políticas eugenésicas previamente mencionadas).[19]

---

[19] Ballesteros Páez, Ma. Dolores. 2017. "Los 'otros' mexicanos. La visión de los intelectuales decimonónicos de los afrodescendientes", en *Tzintzun. Revista de Estudios Históricos.* núm. 65. México: Centro de Investigaciones sobre América Latina y el Caribe, UNAM. https://www.scielo.org.mx/pdf/treh/n65/2007-963X-treh-65-00150.pdf

Las poblaciones indígenas y negras, así como sus formas de vida, eran vistas como un obstáculo para el desarrollo económico del país. Estas propuestas tenían una clara influencia de pensadores extranjeros, tales como Joseph Arthur, conde de Gobineau, un teórico francés reconocido como el padre del racismo científico. Este pensador articulaba la raza como una categoría que iba más allá de las características físicas, incluía la lengua que se hablaba, la forma de vida e incluso la comida que se ingería. Con todo, las ideas sobre la raza de los científicos no era sencillamente una copia de ideas extranjeras, sino que estaban en constante diálogo y se crearon teorías sobre el caso mexicano en particular, tanto para explicar la persistencia de elementos "inferiores" como propuestas para combatirlas. Como parte de sus investigaciones, los científicos buscaban conocer las características en común que tenían los criminales. Incluso, establecían relaciones entre la "raza" a la que pertenecían. De esta manera, llegaron a la conclusión de que existían criminales natos, es decir, que cometían delitos porque estaba en su naturaleza. Para justificar estos argumentos, midieron las cabezas de criminales para ver si existía algún indicio de la criminalidad en sus proporciones (a esta práctica se le conocía como frenología). Los estudiosos del crimen visitaban prisiones mexicanas y documentaban sus observaciones; como si estuvieran en un zoológico, describían los cuerpos de los criminales y les adjudicaban valores negativos relacionados con la criminalidad. En el presente, el legado de esta manera de asumir cómo se ven "los criminales" se manifiesta en el fenómeno que conocemos como perfilamiento racial (definido en el capítulo uno).

Los científicos porfiristas también hacían referencia al ambiente como un factor importante que influía en la formación de criminales y personas, de manera que había ambientes inferiores y superiores. Así, también existía la necesidad de separar a las personas y ambientes "inferiores" para que no pudieran "contagiar" a los demás miembros de la sociedad. Prueba de esta forma de pensamiento es el siguiente fragmento de un texto publicado por Rafael D. Saldaña en 1892: "Entre nosotros se puede sentar como principio que los indios todos son ladrones, cualquiera que sea el clima del lugar en que habiten".[20] Algunos creían que la educación podía ser el medio que extrajera a estas "razas inferiores" de su atraso, mientras que otros suponían que esta condición de inferioridad era permanente y que lo mejor sería que desaparecieran. Existía la necesidad de "regenerar" a la sociedad a través de la identificación y clasificación de la población útil, la eliminación de aquellos miembros que fueran dañinos y la introducción de población de "raza superior" (por lo general europea) para contribuir al proceso de regeneración. Con este propósito, el gobierno porfirista fomentó la migración a México. Se crearon campañas de colonización para asegurar la presencia gubernamental a lo largo del territorio, asegurar que se trabajara bajo las condiciones que aseguraran el "progreso" (es decir, con una forma de producción capitalista) y con el objetivo de impulsar la presencia de razas "más adecuadas" para formar a la población mexicana. Sin embargo, gradualmente se

---

[20] Piccato, Pablo. 1997. "La construcción de una perspectiva científica: miradas porfirianas a la criminalidad", en *Historia Mexicana*, vol. 47, núm. 1, (julio-septiembre), México: El Colegio de México, p. 159.

comenzó a impedir la migración de ciertas comunidades precisamente por ideas racistas eugenésicas —había que evitar la llegada de comunidades que, en lugar de "mejorar" la raza, la fueran a "degenerar"—. Tal fue el caso de la comunidad china a finales del siglo XIX y principios del XX. Leyendo al respecto, me sorprendió mucho aprender que para esta época eran la segunda comunidad de extranjeros más grande en México, únicamente por debajo de los españoles. También llegaron migrantes de origen coreano a la península de Yucatán en 1905 para trabajar en las haciendas de henequén,[21] así como migrantes japoneses a partir de 1887.

Sin embargo, rápidamente se difundieron discursos racistas sobre las comunidades migrantes asiáticas, principalmente acerca de los chinos, pues se les consideraba como una amenaza para la población mexicana. En una caricatura publicada en un periódico de Sonora en 1932 se muestran dos paneles, en el primero a una mujer mexicana sonriente, en proceso de desvestirse ante su marido chino en la noche de bodas. Su esposo es dibujado con rasgos grotescos, babeando ante la idea de consumar el matrimonio con la esposa mexicana perfecta. El segundo panel tiene como subtítulo "5 años después" y la misma mujer se ve demacrada, vestida con harapos, cuidando a tres niños con los mismos rasgos exagerados para mostrar su ascendencia china. Mientras tanto, el esposo, bien vestido, les da la espalda, despidiéndose al parecer de su

---

21 Sobre esta migración hay una novela conmovedora titulada *Flor negra* de Kim Young-Ha, traducida por Hyesun Ko al español hace un par de años y está disponible con relativa facilidad en librerías mexicanas.

familia mexicana.[22] Este tipo de caricaturas y discursos se hicieron tan populares que fomentaron el desarrollo de un odio de la población mexicana hacia los migrantes chinos, a tal grado que se llevó a cabo una masacre de personas chinas en Torreón, Coahuila, entre el 13 y 15 de mayo de 1911. Este tipo de procesos nos muestra que el racismo no es sencillamente una cuestión de ignorancia, sino que son sentimientos nutridos de manera institucional. Se cultivó cuidadosamente la imagen del mestizo con el propósito de blanquear a la nación. Si hoy las personas mexicanas de ascendencia asiática y africana luchan por visibilizar su presencia, que no es reciente, es gracias a las decisiones sistémicas que eligieron excluir y eliminar a quienes no se asimilen al tipo de mestizaje "correcto".

El mestizaje discursivo

Las ideas y políticas de eugenesia perduraron aún tras la Revolución, con algunas modificaciones que nos resultan más familiares cuando pensamos la "raza". Para la segunda década del siglo XX, era preciso continuar con el proceso de construcción de México, y aquí se discutió ampliamente "el problema indígena". Intelectuales como José Vasconcelos y Manuel Gamio (reconocido como el padre de la antropología mexicana) se dedicaron a discutir el papel de los pueblos originarios en el México posrevolucionario.

---

[22] Lisbona Guillén, Miguel. Rodríguez Balam, Enrique. 2018. "Estereotipos sobre los chinos en México: de la imagen caricaturesca al meme en internet", en *Revista pueblos y fronteras digitales*, vol. 13, https://www.scielo.org.mx/scielo.php?script=sci_arttext&pid=S1870-41152018000100206

Es necesario llevar a cabo un análisis matizado de las ideas sobre la raza en México durante esta época; aunque las ideas que presentaban estos intelectuales eran disruptivas en el momento, particularmente por la oposición que presentaban ante potencias como Estados Unidos, sí contenían lógicas racistas que no por tener buenas intenciones resultan menos dañinas. En lugar de segregar a las poblaciones indígenas, consideraban que era necesario incorporarlos a la nación mexicana; esta es la diferencia fundamental entre la lógica mexicana y la estadounidense de la época. El racismo en Estados Unidos tuvo dinámicas segregacionistas que planteaban que las otras razas eran inferiores, no tenían posibilidad alguna de redención, por lo que debían ser separadas para evitar "contaminar" a la población "superior". Este era el análisis que hacían sobre los territorios de América Latina; argumentaban que el mestizaje era el gran lastre de la región. Pensadores como Vasconcelos y Gamio, que conocían bien el contexto estadounidense, se encargaron de reivindicar la igualdad. Para ellos, todas las razas eran capaces de llegar a los mismos niveles de "civilización", y que la asimilación sería el medio por el cual podrían superar sus condiciones anteriores de precariedad. Estas propuestas se enfrentaban abiertamente a los juicios de inferioridad adjudicadas a territorios como México, en los que abundaba la población indígena, y fueron una manera de dignificar sus proyectos de nación. Al mismo tiempo, la idea de "asimilar" a las poblaciones indígenas suponía que estos debían abandonar sus culturas y formas de vida por ser "atrasadas" e incompatibles con la vida moderna. En lugar de mantener sus identidades étnicas particulares (ser una persona maya, mixteca, zoque-popoluca, etcétera) debían integrarse a la identidad nacional (mestiza). En la educación básica (precisamente un legado del trabajo de personajes como Vasconcelos, con todo lo positivo y negativo que conlleva) nos enseñaron que el mestizaje de México fue literal. Es decir, que las personas indígenas y españolas "se mezclaron" y que fue así como se creó a una población mayoritariamente mestiza. Sin embargo, cuando ponemos atención sobre estos procesos de finales del siglo XIX y principios del siglo XX, es evidente que buena parte del proyecto de mestizaje y su éxito residió en la parte discursiva. A través de la educación, se imponía una identidad mestiza junto con medidas de coerción que pretendían hacer que los estudiantes se desindigenizaran.

Uno de los pensadores más reconocidos en este sentido fue José Vasconcelos, el primer secretario de Educación en México y rector de la UNAM. Su legado es complejo, tanto por lo disruptivas que fueron sus ideas sobre la raza y el mestizaje a principios del siglo XX, como su posterior radicalización conservadora (durante la década de los cuarenta se volvió simpatizante nazi). La primera vez que leí *La raza cósmica*, su ensayo más conocido, quedé asombrada por la cantidad de racismo "buena onda" que leí. Y digo "buena onda", porque las intenciones de Vasconcelos al escribir este ensayo fueron las mejores. Después de leer a Juliet Hooker[23], pude tener una perspectiva mucho más matizada de la obra de Vasconcelos, y cómo a pesar de sus mejores intenciones es importante señalar y ser crítica de su obra.

---

23 Hooker, Juliet. 2017. *Theorizing race in the Americas*. Oxford: Oxford University Press.

Durante su juventud, José Vasconcelos vivió de manera intermitente en Estados Unidos, en una época en la que la violencia racista se había recrudecido. En este contexto ocurrió la masacre de Tulsa, Oklahoma, en 1921, en la que fueron asesinadas cientos de personas negras, los linchamientos de personas negras y mexicanas eran ocurrencias frecuentes. Como mencionamos anteriormente, los científicos dedicados a la eugenesia en Estados Unidos reiteraban la necesidad de segregar a las razas inferiores y pensaban que el mestizaje "degeneraba" a todas las razas, y esta era la perspectiva que tenían sobre América Latina. Asimismo, el gobierno estadounidense había comenzado su infame periodo de intervenciones en América Latina bajo la Doctrina Monroe, argumentando que cualquier amenaza al bienestar de las compañías o propiedades estadounidenses en territorio extranjero ameritaba intervención militar. Así justificaron incursiones imperialistas en la región, facilitando golpes de Estado y regímenes militares en donde quisieran. Varios pensadores escribieron al respecto. ¿Qué se podía hacer ante este imperialismo? ¿Cómo debían enfrentarse a él los Estados latinoamericanos?

Como los teóricos angloparlantes despreciaban el mestizaje debido a la "corrupción" que hacía de las razas, Vasconcelos retomó esta mezcla como una virtud, un proceso que fortalecía a los pueblos. Dicho proceso sería precisamente la herramienta a través de la cual se podrían enfrentar al imperialismo estadounidense las naciones latinoamericanas. Una lectura superficial de *La raza cósmica* reitera estas ideas; la raza cósmica o la raza de bronce sería la combinación de las cuatro razas existentes, cada una aportaría lo mejor de sí para crear una nueva raza fortalecida. Para este momento, Vasconcelos iba en contra de los postulados más prestigiosos de la ciencia y la eugenesia, no estaba despreciando a las demás razas, sino que las veía como una parte importante de la creación de la nueva categoría. Proponer el mestizaje como algo constructivo en lugar de una "corrupción" de la raza era una idea transgresora que se oponía a todo lo que afirmaban los científicos estadounidenses y europeos. Era una afrenta al desprecio que se hacía de la población latinoamericana.

Los murales comisionados en esta época por Vasconcelos a Diego Rivera son una muestra del proyecto racial que se estaba configurando, ubicando al mestizo como el ciudadano ideal. Además, su naturaleza gráfica, en los muros de las grandes instituciones nacionales de los centros urbanos más importantes del país, muestran las intenciones de homogeneizar la idea que tenía la población de sí misma. Aunque hoy resulta evidente que se enraizó el discurso del mestizaje entre buena parte de la población, incluso de las élites blancas, esto no siempre fue el caso. Entre 1923 y 1928, Rivera fue comisionado por Vasconcelos para pintar murales en la Secretaría de Educación Pública. El 31 de agosto de 1927 fue publicada una caricatura de Ernesto García Cabral titulada "Buen juez" en el periódico *Excélsior*. La imagen muestra a una mujer indígena que lleva a su hijo a un certamen de belleza, y es recibida por uno de los jueces, que la mira con curiosidad. Al pie de la imagen se comparte el siguiente diálogo:

Empleado: ¡Señora!... ¿Cómo se atreve a presentar un muchachito tan feo?

—Siñor, ¿no ve asté que don Diego es uno de los jueces?

Empleado: ¿Y eso qué tiene que ver?

—Pos que el niño es igualito a los que pintó en la Secretaría.

Esta caricatura nos da a entender que, a pesar del hecho de que en un recinto gubernamental se están pintando imágenes de niños indígenas con índole celebratoria, esto no significa necesariamente que las élites blancas se sintieran identificadas o estuvieran de acuerdo con la representación de lo indígena como algo bello o admirable.[24] De esta manera podemos entender cómo, a pesar de tener orígenes en el siglo XIX, la narrativa del mestizaje aún estaba por afianzarse plenamente en el imaginario colectivo, particularmente entre las personas blancas que pertenecían a las clases altas. En el presente, son muy comunes las instancias en las que una persona blanca acusada de racismo argumenta que no puede ser racista porque tiene "raíces indígenas". La noción de lo indígena como una raíz lejana que "nos pertenece" a todos los mexicanos por igual, en lugar de comunidades que aún existen y resisten, es el resultado de la naturalización de la narrativa oficial del mestizaje.

Sin embargo, Vasconcelos se quedó corto en su análisis, puesto que entiende el mestizaje como un proceso que es finalmente de blanqueamiento, utilizando las demás "raíces" únicamente como influencias y no como culturas/razas válidas por sí mismas. Viajó por varios países latinoamericanos compartiendo sus propuestas y

---

[24] García Blizzard, Mónica. 2022. *The White Indians of Mexican Cinema. Racial Masquerade Throughout The Golden Age*, Albany: SUNY Press.

continuó publicando en México y Estados Unidos varios textos al respecto. ¿Cómo influye esta perspectiva en el presente? Cuando hablamos de racismo en el espacio público muchas personas pretenden argumentar que aquí no existe eso diciendo que "estamos importando ideas gringas", que aquí no hay racismo porque hubo mestizaje. Está lógica es parte de las consecuencias dañinas del legado de Vasconcelos. Cuando leemos con detenimiento su obra (no solo *La raza cósmica*, también algunos textos posteriores) podemos ver las contradicciones que contenían sus ensayos. Aunque celebraba la mezcla de las razas porque cada una aporta algo valioso de sí, también se refería con desprecio a los pueblos indígenas y a los pueblos negros. Bajo la lógica de racismo "buena onda" asumió que las personas que pertenecen a estas categorías tenían una misma forma de comportarse, actitudes, virtudes y defectos inherentes debido a su raza. A pesar de ser fiel creyente en el mestizaje como la respuesta al imperialismo estadounidense, al describir los valores y la cultura con la que se guiaría esta nueva raza cósmica, afirmó que de manera inevitable sería con los valores occidentales por ser los mejores, pero que las personas se darían cuenta de esto por sí mismas, no habrá necesidad de imponer las ideas a través de la violencia. Vasconcelos no reconoció en su obra la violencia implícita en el proceso de mestizaje. Cuando contrastamos su discurso que proponía la asimilación de todas las razas para crear "la raza cósmica" con la realidad en la que se excluía y violentaba a la población de origen africano y asiático, podemos ver que las dinámicas raciales en México ya planteaban la idea de que había ciertas "mezclas" más favorecidas que otras.

La transformación del mestizaje y "la tercera raíz"

A pesar de que existen 68 pueblos originarios, pueblos afromexicanos y de múltiples diásporas migrantes, el nacionalismo utiliza como arma el discurso del mestizaje para hacernos pensar que estas distinciones finalmente no importan porque todas las personas somos mexicanas. Es más, estas culturas "nos pertenecen" porque forman parte de la patria. Lo indígena es visto de manera simultánea como una raíz y como un disfraz, elemento de folclor que nos recuerda nuestros orígenes como población mexicana. En los últimos años ocurre un fenómeno similar con la población afromexicana. Con todo, debemos ser conscientes respecto al contexto racial dominante en nuestro país; finalmente se trata de un proyecto nacionalista que devora todo lo que tiene ante él, arrancando lo que le plazca de los pueblos racializados como parte de la supuesta "mexicanidad" que nos pertenece a "todos". Les conmino a pensar en los pueblos negros en México como algo más allá de "la tercera raíz". Utilizar este término remite al discurso oficial del mestizaje; que todas las personas mexicanas tenemos una raíz española y una raíz "indígena" (así, como si todos los pueblos originarios fueran lo mismo). Aquí, el problema fundamental es que no se está cuestionando el discurso oficial del mestizaje, además del hecho de que sostiene una lógica jerárquica. Decir que los pueblos negros somos "la tercera raíz" nos sitúa en términos similares a los pueblos originarios, en tanto que raíces difusas y diluidas en la población en general, ya no como pueblos y experiencias vividas.

Mi propósito no es determinar quién sí y quién no puede nombrarse como una persona negra o afrodescendiente, ya que este es un proceso influido por muchos factores; celebro que los movimientos activistas afromexicanos estén quitando el estigma que existió históricamente en torno a la identidad negra, pues nos enseñaron que era un insulto. Más bien, propongo evitar caer en la idealización y el esencialismo impuesto sobre los pueblos originarios en México, puesto que este proceso se está repitiendo, pero con la población negra. Estos discursos abandonan a los pueblos negros, históricamente violentados, pero claman por las "raíces" africanas que "nos pertenecen a todos". Continuaré hablando sobre estas ideas racistas en torno a lo negro y a lo indígena en México en el capítulo cinco, en el que revisaremos la representación en los medios de comunicación.

Preguntas para continuar la discusión

¿Qué recuerdas haber aprendido en la escuela sobre las "razas" en la Nueva España y México?

¿Cómo se contrastan esos recuerdos con lo que revisamos en este capítulo?

¿Aprendiste sobre historia afromexicana? Si es el caso, ¿qué te enseñaron?

¿En qué territorio vives? ¿Te enseñaron acerca de la historia local y las personas que habitaban ese espacio antes de la llegada de los españoles?

Para ti, ¿es importante conocer la historia? ¿Qué representa para ti este conocimiento?

Interseccionalidad

Como mencioné anteriormente, el racismo no es un sistema de opresión que se sostiene por sí mismo de forma aislada. Está íntimamente relacionado con la violencia de género, el clasismo, el odio a las personas gordas, a las personas de la disidencia sexual y de género, el capacitismo, así como el sistema económico destructivo persistente en la actualidad: el capitalismo. Por ello, la lucha antirracista es una lucha contra todas las formas de opresión existentes. En este sentido, debemos reconocer las intersecciones, es decir, los puntos en los que confluyen dos o más formas de opresión. Si te reconoces como una persona feminista, es probable que estés familiarizade con el término "interseccionalidad". Vamos a profundizar un poco en torno a la creación y contexto de este concepto para saber cómo utilizarlo adecuadamente.

Interseccionalidad: el origen del concepto

Este término fue acuñado en 1989 por Kimberlé Crenshaw, una abogada negra estadounidense que necesitaba nombrar un fenómeno que no era reconocido en el contexto jurídico; legalmente se reconocía la violencia que vivían las mujeres y la violencia que viven las personas negras, sin embargo, en este ámbito no se consideraba que una persona podía enfrentarse a más de una forma de opresión al mismo tiempo. En este caso, que las mujeres negras son atravesadas por el sexismo y el racismo. La interseccionalidad es una herramienta metodológica, es decir, una perspectiva que nos invita a pensar en los sistemas de opresión de manera articulada. Incorpora categorías sociales de raza, clase, identidad y expresión de género, orientación sexual, edad, religión, nacionalidad, situación migratoria, discapacidad y pertenencia étnica (entre otras) como factores que interactúan para construir sistemas de dominación y discriminación complejos. Aunque la palabra y su uso fueron propuestos por Crenshaw,[25] ella no es la primera persona en observar y describir cómo se conjugan múltiples formas de violencia en una persona o comunidad. El contexto en el que nacemos y en el que nos desarrollamos influye en el acceso que tenemos a distintos espacios. Como resultado de la colonización, se les facilita el camino a personas que cumplen con determinadas características que tienen que ver con

---

[25] Si quieres conocer a otras autoras negras que han escrito al respecto, te recomiendo *¿Acaso no soy yo una mujer? Mujeres negras y feminismo* de bell hooks, (traducción de Gemma Deza Guil, Consonni, Bilbao, 2020, 280 pp.) y *Cómo nos liberamos. El feminismo negro y el Colectivo Combahee* River de Keeanga-Yamahtta Taylor, (traducción de Javier Sáez del Álamo, Bellaterra Edicions, Barcelona, 2021, 180 pp.).

• **Interseccionalidad** •

la racialización, el tamaño del cuerpo, el género, la clase, la orientación sexual, las discapacidades y neurodivergencias (por enunciar algunas), y se les ponen obstáculos a las que no. Sin embargo, la experiencia humana es compleja, y solemos estar favorecidas o perjudicadas en distintas medidas por cada una de estas características. No se trata de "las olimpiadas de la opresión", como muchas veces se retratan estas experiencias, sino de describir de manera precisa cómo las ventajas y desventajas a las que nos enfrentamos definen la forma en la que nos movemos por el mundo. La interseccionalidad es una herramienta que reconoce toda esta variedad de factores, así como la manera en la que se construyen entre sí. Es decir, el racismo no puede existir sin que exista también el clasismo. La violencia contra las mujeres cisgénero no puede entenderse si no entendemos cómo funciona la transfobia. El capacitismo tiene sus orígenes en el racismo, de ahí se deriva la idea de cuerpos y habilidades "correctas" en contraste con cuerpos o habilidades "inferiores". Por ello, para hablar de racismo, no podemos hacerlo de manera aislada, porque interactúa y se construye a partir de otras ideas que pretenden dominar a todas las personas y las corporalidades, de una manera u otra. Las personas que ejercemos el antirracismo rara vez lo hacemos de forma aislada, porque, así como soy una persona que experimenta la opresión del racismo, también vivo la que resulta de otras identidades que me atraviesan. Mis experiencias están definidas por la manera en las que se combinan estas opresiones; no puedo dedicarme sencillamente a reconocer una sola de ellas, sino verlas como un todo multifacético que puede ser atacado por muchos lados. De esta manera, podemos identificar cuáles son las causas de la discriminación y reparto desigual de recursos, con el fin de obtener la liberación colectiva. Porque, si tomamos la interseccionalidad como perspectiva, comprenderemos que la lucha antirracista no se opone a otras luchas, sino que se nutre de ellas, por lo que todas las personas debemos interesarnos en la causa antirracista, porque supone la liberación de todas las formas de violencia institucionalizadas.

La captura de élite y la comodificación de las identidades

Es importante hacer una precisión en este contexto; aunque propongo hablar de la importancia de que las personas históricamente oprimidas tengamos el acceso y los medios para contar las historias de nuestras comunidades, contextos y experiencias personales, esto no significa que cada grupo es un monolito o que tenemos exactamente las mismas vivencias. Hay personas morenas que dicen que nunca vivieron racismo, mujeres que dicen que las feministas exageran o personas gais que afirman que no son discriminadas. Y están en su derecho, son las experiencias particulares que tuvieron, la cuestión es entender que ambas situaciones coexisten; tanto quienes pasaron por situaciones de discriminación y violencia como quienes pudieron evitarla gracias a otros privilegios a los que tienen acceso. Como mencionaba anteriormente, la opresión no funciona de manera absoluta y está mediada por múltiples factores que

• **Interseccionalidad** •

determinan la experiencia vivida a nivel individual. Por tanto, solo porque una persona pertenezca a una comunidad históricamente marginada (mujer, racializada, con discapacidad, etcétera) no significa necesariamente que sea la más adecuada para dirigir un esfuerzo feminista, antirracista o anticapacitista. Así como pensar que una persona racializada tiene características negativas por su "raza", pensar que una identidad marginalizada es igual a tener una formación crítica, a favor de la liberación, también ubica a las personas dentro de una lógica estereotipada. Idealizar a las identidades marginadas y dejarnos llevar por las apariencias también puede tener consecuencias negativas en lugar de facilitar los cambios verdaderos. Esto es lo que el filósofo Olufemi Taiwo describe como "captura de la élite". A lo que se refiere, básicamente, es al hecho de que las élites, para crear la ilusión de que los sistemas opresores vigentes están cambiando, ponen a una persona que pertenece a una categoría históricamente oprimida al frente de alguna de estas instituciones y consideran que eso será suficiente para transformarlas de manera significativa. Desvían la meta de liberación; en lugar de tener como objetivo destruir los sistemas que nos hacen daño, insisten en que llevar a cabo modificaciones mínimas (como incorporar a una persona de una comunidad típicamente excluida de estos espacios) es suficiente. No obstante, lo que muestra la realidad es que no se transforman realmente estas estructuras, sino que la persona que pertenece al grupo marginalizado adquiere los privilegios de la élite y únicamente se dedica a usar su imagen para dar la apariencia de un cambio social importante. Este también fue el caso con partidos y facciones conservadoras que requieren actualizarse para atraer a las nuevas generaciones hacia sus posturas.

Mujeres de la élite se apropiaron de estas ideas para promover el capitalismo como un sistema económico que puede favorecer a las mujeres. Esto se llevó a cabo a través de la creación de la "chica-patrona" (*girlboss*), un término popularizado por el libro de Sophia Amoruso, titulado #Girlboss, en el que relata cómo pasó de estar desempleada y no poder pagar ni la renta, a ser CEO de una compañía multimillonaria. Su discurso está basado en la lógica de la meritocracia; Amoruso describe lo mucho que se esforzó personalmente por "superar" el patriarcado y así convertirse en una empresaria exitosa. Pretende equiparar su presencia en el mundo empresarial como un logro feminista porque casi no hay mujeres que dirijan empresas. Sin embargo, sencillamente poner a mujeres al frente de estas compañías no modifica necesariamente las condiciones para las demás empleadas ni evita que estas vivan explotación laboral. Esta manera de entender al feminismo lo convierte de un movimiento de liberación colectiva a una consigna vacía que favorece únicamente a las mujeres más privilegiadas.

Un ejemplo de este tipo de dinámicas ocurrió en 2019; la diseñadora mexicana Alejandra Quesada publicó una colección titulada #NiUnaMenos, que utilizaba esta popular consigna feminista de denuncia para vender los productos de su marca. A lo largo del video promocional se intercalan imágenes de las protestas feministas ocurridas en los últimos años en México junto con las botas de la marca.[26] Frases tan fuertes como "Las mujeres no vuelven" se sobreponían a fotografías de modelos glamorosas posando con los objetos que pretendían vender. Un fragmento de la etiqueta pegada a las botas decía: "Alejandra Quesada y Liverpool crearon estas botas de combate con materiales súper resistentes para que nada detenga a las mujeres en la lucha por sus derechos. Únete al movimiento contra la violencia de género comprando este producto". En la misma etiqueta la marca afirmó que por cada compra, un porcentaje (no especificado) de la venta de las botas sería donado al Centro de Derechos Humanos de las Mujeres para proporcionar ayuda a víctimas de violencia de género.

La colección provocó críticas en redes sociales, particularmente porque Liverpool tiene un historial de explotación laboral y encubrimiento de feminicidio en sus tiendas.[27] Lo cuestionable de esta colección fue el uso de un movimiento por la justicia social para fomentar el consumo, particularmente a través de una tienda departamental cuyas acciones resultan contradictorias con los objetivos de los movimientos feministas. Se apropiaron consignas que aluden a la violencia feminicida en México y se utilizaron imágenes reales de las protestas feministas para… ¿vender unas botas?

---

[26] Facebook. 2019, 8 de diciembre. "La diseñadora Alejandra Quesada elaboró estas botas para hacer conciencia de la violencia de género, con lo recaudado apoyarán a Centro de Derechos Humanos de las Mujeres. #NiUnaMenos ✕ Próximamente en Liverpool. ✕". https://www.facebook.com/watch/?v=526822754711985

[27] Redacción. 2014, 18 de diciembre. "Liverpool adúltera muerte de empleada", en *Proceso*. https://www.proceso.com.mx/nacional/cdmx/2014/12/18/liverpool-adultera-muerte-de-empleada-141211.html; Redacción. 2014, 18 de diciembre. "Protestan en Liverpool por el asesinato de una empleada", en *Animal Político*. https://www.animalpolitico.com/2014/12/protestan-en-liverpool-por-el-asesinato-de-una-empleada

Se sacaron de contexto las premisas del feminismo para equiparar las ganancias de una diseñadora con la lucha por los derechos de las mujeres, afirmando que comprar este producto contribuye al movimiento feminista además de hacerte "ver *cool*". **Cuando se considera más importante la apariencia de la lucha social que las contribuciones que hagamos a estos esfuerzos, nos hallamos ante una situación de captura de la élite.** Hay una mujer al frente del proyecto; sin embargo, se trata de una campaña que transmite la apariencia de la disrupción sin un mensaje significativo detrás. Aunque un porcentaje de las ventas se donó para una organización que apoya a víctimas de la violencia de género, la forma en la que se creó el producto y la campaña fueron insensibles. Se entendió al feminismo como una identidad en tendencia en lugar de un movimiento que busca poner fin a los sistemas patriarcales. Por ende, al encontrarnos con situaciones en las que se nos invita a consumir o evitar consumir para contribuir a las luchas sociales, debemos primero hacernos algunas preguntas que pongan en contexto la acción: ¿quiénes organizan el esfuerzo?, ¿cuál es el propósito de la invitación al consumo o al boicot?, ¿de qué manera están contribuyendo a la causa?, ¿qué estructuras de poder están cuestionando?

A pesar de las críticas que surgieron a partir de este tipo de iniciativas, se utilizaron cada vez más en diversos ámbitos debido a sus resultados. En este sentido, la captura de la élite se hace evidente con el "feminismo" de derechas que surgió en los últimos años. Prueba de ello es la apropiación que hizo la derecha en México del feminismo. En 2021 el Partido Acción Nacional, uno de los

• Interseccionalidad •

partidos más conservadores y antiderechos, afirmó orgullosamente que es un partido "humanista y feminista".[28] Esto, a pesar de posicionarse y legislar en contra de la despenalización y legalización del aborto en México, así como del matrimonio homosexual y del reconocimiento de las identidades trans; temas de indiscutible interés histórico para los movimientos feministas (y sin duda, para las mujeres de la comunidad LGBTQI+). De esta manera, las mujeres, que obtienen puestos políticos a través de un partido conservador como el PAN, afirman orgullosas que están legislando por el bien de todas las mujeres, cuando en realidad solo lo hacen en beneficio de mujeres de la élite. Lo más lamentable es que equiparan el mejoramiento de la vida de las mujeres de la élite como un avance por los derechos de todas, cuando es evidente que los privilegios que obtienen son reservados únicamente para ellas. La meta de estos tipos de feminismo no es la liberación de todas las mujeres, sino que la mujer blanca pueda expresar su dominio con la misma facilidad con la que lo hacen los hombres blancos. En otras palabras, buscan tener el mismo poder que los hombres de la élite en lugar de buscar la destrucción del sistema que da poder ilimitado a unas pocas personas. Una mujer puede vivir opresión de género, pero esto no la excluye de ejercer violencia hacia otras personas (que incluso sufren la misma opresión que ella). En otras palabras, una mujer puede ejercer violencia misógina hacia otras mujeres. Puede también ser racista, clasista o discriminar con base en los sistemas de opresión existentes porque ser

---

[28] https://www.forbes.com.mx/el-pan-asegura-ser-un-partido-feminista-pero-evita-hablar-de-interrupcion-legal-del-embarazo/

una mujer no supone alguna virtud o defecto inherente. Aunque es necesario que personas que pertenecen a grupos históricamente oprimidos tengan acceso a puestos de toma de decisión a gran escala, es fundamental que esto se vea respaldado por la implementación de políticas, leyes o reformas que beneficien a sus comunidades. Para poder desmantelar los sistemas de opresión vigentes, debemos crear propuestas que contribuyan a terminar con la desigualdad, lugares en los que no existan élites que tienen acceso ilimitado a la mayoría de los recursos. De nada importa tener una mujer en la presidencia, como CEO o al frente de un ejército si hacen lo mismo que los hombres que las antecedieron. La política mexicana estuvo repleta de este tipo de candidaturas y postulaciones, se asumen orgullosamente como parte de una comunidad históricamente violentada. Sin embargo, sus propuestas demuestran un desinterés e incluso desprecio por las necesidades de las comunidades a las que en teoría pertenecen. Ejemplo de ello es la exsenadora por el PAN y candidata presidencial durante el 2024, Xóchitl Gálvez. A lo largo del 2023 se llevaron a cabo múltiples discusiones públicas en torno a la identidad de Gálvez: ¿es indígena?, ¿de acuerdo con qué criterios?, ¿quiénes la reconocen (o no) como tal?, ¿qué es ser indígena hoy en México? Cabe destacar que la mayoría de las personas a las que se les dio espacio en los medios para discutir el tema no pertenecían a pueblos originarios, por lo que muchos de los argumentos contenían prejuicios racistas. En este caso, independiente a la identidad de la senadora es más importante mirar hacia sus acciones e ideas, particularmente en torno a las poblaciones indígenas en México.

• **Interseccionalidad** •

En agosto de 2023, declaró que "Hay una cultura distinta en el sureste del país y no podemos aplicar un modelo similar al del norte. Recuerdo que cuando trabajaba con Fox quisieron instalar maquiladoras en San Cristóbal de las Casas y les dije: 'Va a ser un fracaso, nadie va a ir a trabajar ocho horas seguidas porque no es su cultura'".[29] Esta declaración es racista, sin importar la pertenencia o adscripción étnica de la persona que la emita. Impulsa la idea de que en el sureste mexicano (en donde buena parte de la población es indígena o afrodescendiente) las personas son más flojas y que en el norte se trabaja más. Bajo esta lógica, el problema es la cultura que tienen la personas en el sur, y que, si dejaran esa cultura por la "correcta", es decir, la moderna, la industrializada y, por supuesto, capitalista, podrían "progresar". Esta es una excusa que evita reconocer el despojo y la destrucción ambiental que se llevaron a cabo en el sureste mexicano, así como la precarización laboral que obliga a muchas personas a migrar para encontrar salarios dignos. Dicha precarización ocurre debido a la explotación que hacen las grandes empresas de sus trabajadores. Es más fácil culpar a las personas por "no esforzarse lo suficiente" (meritocracia) que reconocer las estructuras económicas que funcionan para mantenerlas en la pobreza. Para poder hablar de feminismo, antirracismo, o cualquier otra lucha social, debemos tener claro cuál es el propósito de estos movimientos. No se trata de soñar con la primera mujer indígena millonaria o con la primera mujer negra terrateniente. El objetivo

---

[29] Rosas, Obed. 2023, 12 de agosto. "Xóchitl Gálvez revive la vergonzosa historia de Vicente Fox y Kamel Nacif en Chiapas", en *SinEmbargo*. https://www.sinembargo.mx/21-08-2023/4399831

del feminismo no debería ser obtener el mismo estatus que tuvieron históricamente los hombres blancos, sino destruir un sistema que nos enseña que nuestro objetivo en la vida debe ser acumular la mayor cantidad de bienes materiales que podamos.

Feminismo interseccional: más allá de "raza, clase y género"

Cuando hablamos de feminismo con perspectiva interseccional, las conversaciones suelen girar en torno a tres ejes principales: el género, la raza y la clase. Sin embargo, como ya revisamos al inicio de este capítulo, la interseccionalidad contempla muchas más vertientes como parte de su perspectiva. Cuando dejamos de lado otras categorías sociales dentro de nuestros análisis, dejamos de lado a comunidades enteras, que precisamente por las opresiones particulares que atraviesan no suelen ser escuchadas ni son consideradas con la misma atención sus críticas y propuestas. Una de las perspectivas más importantes, que me parece no se escuchó lo suficiente, es la de las personas que viven con discapacidades o enfermedades crónicas. Esta es una categoría social cargada de estigma por muchos motivos; la discapacidad se relacionó históricamente con lo que no es "normal", lo "monstruoso", lo no-deseado, lo que se debe ocultar ante la mirada de los demás. Si vamos al otro extremo, también se idealiza a las personas con discapacidades, particularmente en los medios. Las personas con síndrome de Down son "angelitos puros", las personas con alguna discapacidad motriz

Interseccionalidad

son "pobres víctimas de la vida", y existen muy pocos espacios en los que esta comunidad es retratada dignamente. ¿Por qué hablar de discapacidad y enfermedades crónicas? En las sociedades occidentales, particularmente después de la invasión y colonización de América, el campo médico se encargó de patologizar la diferencia, es decir, de convertir cualquier mínimo indicio de diversidad (ya sea física, mental o sexual) en una enfermedad que debe ser corregida (no necesariamente curada). Uno de los insultos misóginos más comunes es decirle "histérica" a la mujer, y esto se debe al hecho de que, por miles de años, pero particularmente entre los siglos XVIII y XX, se diagnosticaba como enfermedad mental que solo padecían las mujeres (la misma palabra tiene su origen en el latín "hystera", que significa "útero"). Los síntomas eran los que decidieran los médicos de la época. Con el propósito de curar esta supuesta enfermedad se llevó a cabo una gran variedad de tratamientos que hoy consideraríamos como tortura. Todo con el propósito de "corregir" a las mujeres "enfermas". La "neurosis histérica" dejó de considerarse como una enfermedad en el *DSM-III* (el manual utilizado como referencia para los especialistas en salud mental) de 1980. Uno de los legados actuales de estas dinámicas es la facilidad con la que se descalifican las voces de muchas mujeres en el espacio público con el "Ay, está loca, no le hagas caso", pero también la frecuencia de la violencia médica hacia las mujeres, los diagnósticos que atribuyen casi cualquier malestar a alguna enfermedad mental en lugar de revisar meticulosamente los síntomas de las pacientes.

Por otra parte, las personas pertenecientes a la comunidad LGBTQI+ también se enfrentaron históricamente a la patologización de la diversidad sexual y de género. La construcción de género en Occidente es rígida y binaria; solo existen "hombres" y "mujeres", así como roles particulares impuestos para cada género. Además, a través de la ciencia se afirmó que el género estaba basado en una construcción "objetiva"; se mide una serie de parámetros que permiten categorizarnos en dos "sexos". En este sentido se suele considerar a los genitales como la característica principal que nos identifica como miembros de un sexo o el otro. No obstante, también se consideran las gónadas (óvulos o espermatozoides), las hormonas sexuales (y la cantidad que cada cuerpo produce naturalmente), así como los cromosomas (las mujeres tienen XX y los hombres XY). En realidad, existe una gran variación dentro de estas categorías; prueba de ello son las personas intersexuales, que tienen características sexuales de ambos sexos, que a veces pueden pasar desapercibidas. Pero, precisamente debido a la patologización de la diferencia creada por la medicina, muchas personas intersexuales fueron (y siguen siendo) sometidas sin su consentimiento a operaciones "normalizantes", completamente innecesarias, que fueron impuestas para "corregir" la apariencia de sus genitales.[30] Esto resulta en trauma, dolor y daño que a veces puede ser irreversible, todo en el nombre de la "normalidad". Romper con el binario de género supone la liberación de las personas intersexuales, porque les permite vivir en sus cuerpos sin la obligación de modificarlos para adherirse a la norma.

---

[30] Para leer los relatos y experiencias de personas intersexuales sobre este tipo de acciones, te recomiendo leer "¿Qué del hospital enferma? Relatos intersex sobre atención médica", coordinado por miembros de Xtagabe'ñe de Brújula Intersexual, lo puedes descargar de manera gratuita en el siguiente enlace: https://www.xtagabene.org/recursos/que-hospital-enferma

· Interseccionalidad ·

Factores como el cabello y el vello corporal son características que tiene la mayoría de los cuerpos y que son cargados de significado dependiendo de las categorías de raza y género en las que se nos coloca. En los hombres, el vello facial y corporal es visto como una característica deseable, una señal de su virilidad. Por otro lado, el vello facial y corporal en las mujeres es considerado indeseable, por lo que se insta a las mujeres a depilarse casi por completo, bajo la lógica de que debemos evitar vernos "masculinas". Somos presionadas socialmente para eliminar todo el vello de ciertas partes de cuerpo, de lo contrario somos tratadas con asco y desdén, nos acusan de ser "sucias" o de "machorras". El cabello tiene una importancia simbólica fundamental; desde la perspectiva occidental, las mujeres lo deben traer largo y es parte de lo que las hace bellas, sin embargo, en los hombres se desprecia como una señal de "feminidad" y se les obliga a tenerlo corto. Los hombres de muchos pueblos originarios del continente americano fueron (y siguen siendo) tratados con desprecio por utilizar el cabello largo a pesar de su importancia cultural debido a la mirada racista que se impone sobre cómo deben verse "los hombres" y "las mujeres". Las personas africanas que fueron secuestradas y esclavizadas tenían todo tipo de peinados que eran un reflejo de su estatus, cultura, edad, entre muchas otras características. Como una medida de humillación y deshumanización (con la justificación de que era por higiene) se rasuraba forzosamente su cabello. A pesar de estos esfuerzos, muchos de los peinados tradicionales sobrevivieron y se fueron transformado, siendo incluso medios para transportar arroz, y así poder asegurar el alimento adonde quiera que llegaran las personas negras. Asimismo, los peinados también fueron un medio de cartografía, en los que las personas esclavizadas trenzaban mapas que indicaban cómo escapar hacia la libertad. A pesar de todo, parte de los memes y otras burlas hechas a los movimientos feministas resaltan el uso de vello corporal en las mujeres como parte de lo que las hace feas y, por ende, "masculinas" y feministas. A pesar de que pasaron más de cien años desde el comienzo del feminismo, las burlas que hacen sus detractores siguen siendo los mismos; son feas, gordas, nadie las quiere, por eso son feministas, porque no tienen la vida que "toda mujer" desearía (es decir, esposo e hijos a los que cuidar). Tanto en las caricaturas antiguas como en los memes del presente, se retrata al feminismo como una enfermedad y desviación de lo "normal", es un punto central en el que podemos ver la convergencia de ideas opresoras respecto al género, a la orientación sexual, la raza, la clase y el capacitismo.

Racismo en el feminismo mexicano

El feminismo es un ejemplo claro de la manera en la que debemos construir movimientos que reconozcan y luchen contra múltiples formas de opresión. El gran defecto de muchas colectivas feministas en México, específicamente las que tienen mayor visibilidad y mayores recursos a su disposición, es la forma racista en la que operan. Esto se debe a que las mujeres que dirigen estas organizaciones son blancas, de clase alta, que piensan que sus prioridades son *las* prioridades del feminismo. Asimismo, piensan

• **Interseccionalidad** •

que los métodos y propuestas que ellas tienen son los únicos correctos, por lo que deben enseñar esos métodos a las demás (véase la definición de *salvacionismo blanco* en el capítulo uno). No llevan a cabo diálogos horizontales con compañeras de contextos distintos a los suyos, sino que se apoyan en una perspectiva vertical, es decir, miran de forma paternalista a otras mujeres. Se suele asumir que, porque una persona es consciente sobre un tipo de opresión en particular, entonces ya no es necesario continuar la formación crítica; ya se sabe todo lo que se tenía que saber al respecto. Sin embargo, la opresión no es absoluta, y experimentar una forma de discriminación negativa no nos hace inmunes a ejercer estas mismas dinámicas hacia otras personas. La sociedad en la que vivimos insiste en la naturaleza binaria de la opresión; o eres oprimide o eres opresor. Y es por esto que desde el pensamiento conservador se responde con tanta ira ante el señalamiento de los privilegios; nadie quiere que lo retraten como "mala persona". Estos sentimientos se exacerban cuando se trata de personas que trabajan en organizaciones a favor de los derechos humanos de alguna comunidad oprimida. Piensan que, por su trabajo, son inmunes al error y a la crítica.

El surgimiento de un fuerte movimiento feminista transodiante, es decir, que excluye y violenta a las personas trans es reflejo de la influencia y la fuerza que tienen las ideas racistas en el feminismo en México. Bajo esta lógica se piensa al sexo como categoría "biológica", es decir, que está predeterminada y es "objetiva". Cuando revisamos históricamente quiénes fueron clasificadas como mujeres, vemos que esta fue una categoría reservada únicamente para las blancas. Como mencioné en el capítulo dos, las personas racializadas fueron deshumanizadas y consideradas como "animales" para facilitar su explotación. Si nos obsesionamos por determinar quiénes son mujeres únicamente utilizando los criterios de la ciencia, sin considerar la influencia que tuvieron las ideas coloniales en la creación de estas categorías, con el argumento de priorizar a las mujeres cisgénero, a quienes más se daña es precisamente a ellas, en particular si son racializadas. En marzo de 2023, una boxeadora argelina llamada Imane Khelif, fue descalificada del Campeonato Mundial de Boxeo Amateur porque "no cumplía con los criterios de elegibilidad", se especuló que la decisión fue tomada debido a los altos niveles de testosterona que tuvo la deportista en un análisis hormonal. El tema se volvió *viral* en redes sociales cuando Brianda Cruz, boxeadora mexicana, publicó en su perfil de Twitter/X que celebraba la decisión, ya que había peleado (y perdido) contra Khelif en el torneo Golden Belt unos meses antes. Insinuó que la argelina era trans y escribió lo siguiente respecto a la pelea en la que coincidieron: "Cuando peleé con ella lo sentí muy fuera de mi alcance, me lastimaban mucho sus golpes, creo que nunca en mis 13 años de boxeadora me había sentido así, ni en mis *sparrings* con hombres. Gracias a Dios ese día bajé con bien del ring y qué bueno que por fin se dieron cuenta".[31] Aunque estas publicaciones ya no se encuentran en su perfil, aún permanece un tuit escrito poco antes de la controversia: "Sí estoy muy en

---

[31] López, Arturo. 2023, 31 de marzo. "Boxeadora trans fue descalificada; mexicana agradeció la decisión", en *Excelsior*. https://www.excelsior.com.mx/adrenalina/boxeadora-trans-fue-descalificada-mexicana-agradecio-la-decision/1579157

contra de que quieran meter trans a la categoría femenil de combate, si boxear es peligroso imagínate dando tanta ventaja. No digo que no tengan derecho, pero me gustaría que hicieran su propia categoría. Una cosa es que te sientas y otra que lo seas".[32]

La noticia fue compartida por todos los medios masivos de comunicación en México, lo que provocó, a su vez, una gran animosidad hacia las personas trans y un auge en el discurso en torno al supuesto "borrado de mujeres".[33] Sin embargo, poco tiempo después, cuando el daño ya estaba hecho, se aclaró que la noticia era falsa; aunque Khelif sí había sido descalificada por sus altos niveles de testosterona, no era una persona trans.[34] Muchos medios de comunicación compartieron la noticia original, sensacionalista, sin embargo, pocos portales publicaron notas aclarando la situación. Fue fácil difundir la noticia falsa porque aludía a ideas estereotípicas sobre cómo se deben ver las mujeres. En las fotografías de Imane Khelif que fueron publicadas, vemos que luce el cabello corto, no usa maquillaje y viste ropa deportiva. No tiene una apariencia estereotípicamente "femenina", pero, además, los estándares tradicionales de feminidad fueron construidos con base en la blanquitud, por lo que las mujeres

---

[32] Cruz, Brianda (@BriandaTamara). 2023, 19 de febrero. "Sí estoy muy en contra de que quieran meter trans a la categoría femenil de combate, si boxear es peligroso imagínate dando tanta ventaja. No digo que no tengan...". Twitter/X. https://x.com/BriandaTamara/status/1627399065490317312?s=20

[33] El "borrado de mujeres" es una creencia de los movimientos de derecha que afirma que las mujeres están siendo "borradas" por el reconocimiento de las identidades de género diversas y la existencia de las personas trans.

[34] Velázquez, Ave. 2023, 2 de abril. "¿Descalificada por ser trans? ¡No! A la boxeadora cis Imane Khelif la sacaron por altos niveles de testosterona", en *Animal Político*. https://animalpolitico.com/tendencias/actualidad/boxeadora-imane-khelif-niveles-testosterona-trans

racializadas son "masculinizadas" con mayor facilidad. En este caso, se utilizaron varios argumentos racistas, misóginos y transfóbicos para hablar acerca del tema. En primer lugar, se retrata a la comunidad trans como personas deshonestas que buscan "colarse" en los espacios de "las mujeres". Después se enfoca la atención sobre una supuesta víctima; una mujer "verdadera", que debe ser protegida (aquí entran lógicas patriarcales sobre la debilidad de las mujeres y la necesidad de evitar que sean agredidas por una amenaza "allá afuera"). Finalmente, la incapacidad de reconocer lo ocurrido; la boxeadora mexicana perdió ante su contrincante. En lugar de preocuparse por entrenar para mejorar sus habilidades, buscó un argumento que justificara los motivos por los que perdió, que desafortunadamente creyeron muchas personas que leyeron la noticia original. En este caso, vemos cómo las ideas racistas y transfóbicas permearon en el pensamiento de Brianda Cruz; incluso afirmó que los golpes dolieron más "que cuando peleaba contra hombres", como si ser una persona trans convirtiera a su contrincante en una especie de superhumano capaz de lastimarla más que cualquier hombre o mujer. Esta es la deshumanización propia del racismo que replica el feminismo blanco. Cuentas feministas con miles de seguidores en redes sociales compartieron la noticia falsa, sin embargo, no se molestaron por corregir o disculparse cuando se les señaló el error. Irónicamente, aunque se trata de espacios feministas que se supone que luchan por los derechos de las mujeres, caen fácilmente en ideas falsas que excluyen a muchas por no "parecer", es decir, por no cumplir con los estándares coloniales que han impuesto un concepto rígido de las características físicas de las mujeres.

· Interseccionalidad ·

El peligro del feminismo blanco no es solo la forma violenta y paternalista en la que opera, sino que, siendo este tipo de movimientos los que cuentan con la mayor cantidad de recursos, precisamente por su pertenencia a las élites económicas, tienen mayor facilidad para difundir sus ideas en plataformas de gran alcance. El feminismo blanco es la encarnación de la captura de la élite, aquella que responde a las prioridades de unas pocas y que busca únicamente transmitir la imagen de una transformación real beneficiando a las mujeres cuya meta es tener el mismo poder para explotar que han tenido los hombres. Al retratar al patriarcado como una división absoluta en la que mujeres = buenas y oprimidas, hombres = malos y opresores, sin ninguna otra categoría social de por medio, les permite reiterar la importancia de su búsqueda de poder mientras que invisibiliza completamente la violencia que pueden (y que ciertamente ejercen) hacia otras mujeres. Incluso su renuncia a especificar sus propias identidades (mujeres blancas, mujeres de clase alta, mujeres cisgénero) es un intento de homogeneizar al feminismo a su propia conveniencia. Argumentan que finalmente todas somos mujeres y que vivimos la misma opresión, no tenemos por qué dividirnos. Sin embargo, las palabras tienen poder, y el nombrar a algunas personas y omitir a otras tiene también un uso simbólico. Omitir la influencia de otras categorías sociales en nuestras vidas como mujeres supone imponer una experiencia como la única, la verdadera o la más importante. Hacer generalizaciones acerca de "las mujeres", sin hacer mayores especificaciones, homogeneiza las prioridades y propósitos del movimiento feminista; sin considerar que para muchas mujeres es imposible separar la violencia de género de la violencia racista, clasista, transfóbica o capacitista. Si buscamos aislar la opresión del patriarcado de todas las demás, nuestra percepción del feminismo únicamente alcanzará a las que viven las consecuencias del sexismo; es decir, las más privilegiadas. Aunque tengan buenas intenciones, su labor estará sesgada, pues solo podrán mejorar la vida para ellas mismas, pero no para las mujeres que se enfrentan a la combinación de esta violencia con otras formas de opresión.

Es por esta misma lógica que el feminismo blanco pretende enunciarse como el "real" o el "verdadero", afirmando que no hay necesidad de hablar de feminismos "con apellido", puesto que nos divide sin necesidad, pues finalmente todas tenemos el mismo objetivo. Por ende, hablar de feminismo negro, feminismos islámicos, feminismos *queer*, etcétera, les parece un despropósito por favorecer la perspectiva de un grupo de mujeres específicas. No obstante, es precisamente en vista de las necesidades particulares que tienen distintas comunidades de mujeres que han surgido estos movimientos dentro del feminismo. Si las corrientes principales no tienen espacio para nosotras y nosotres, las creamos y trabajamos desde ahí. Los feminismos "con apellido", lejos de ser obstáculos para la liberación, son una oportunidad para que las personas interesadas en participar en este movimiento puedan hallar el espacio ideal, que esté conformado por personas con experiencias similares con las que se pueden establecer relaciones de apoyo y comunidad. A partir de estos espacios, en los que se utiliza la identidad como un eje de articulación, si seguimos el ejemplo de organizaciones como

• **Interseccionalidad** •

el Combahee River Collective, podremos utilizar nuestras experiencias como aquello que informa nuestra organización política y el deseo de comprender las experiencias de los demás, en lugar de seguir al feminismo blanco que se plantea a sí mismo como la única posibilidad viable. No hablaré de feminismos "reales" o "verdaderos", porque esta lógica parte de la necesidad colonialista de presentar una forma de hacer las cosas como la correcta. A la hora de formar parte de movimientos antipatriarcales o feministas, debemos mirar de manera crítica las propuestas de cada espacio para evitar replicar formas de violencia institucional hacia otras comunidades oprimidas.

Como vimos en el apartado anterior, el feminismo no se trata de ver a todas las mujeres como unos seres de luz incapaces de tener poder y utilizarlo para dañar a otras. No pienso en la sororidad como una forma de lealtad ciega a las mujeres solo por el hecho de serlo. Precisamente porque queremos construir un movimiento de liberación, la sororidad es lo que nos debemos a nosotras mismas y a nuestras compañeras; la capacidad de crítica constructiva que nos permita crecer, aprender e incluso reconocer cuando nos equivocamos.

La lucha social es para todas, todes y todos

En primer lugar, parte de la apertura necesaria dentro de los feminismos es reconocer sus limitaciones —no toda organización política que lucha por los derechos de las mujeres es feminista, y eso también es válido—.

Las circunstancias que rodean a la organización política y la resistencia a la violencia institucional son en extremo diversas. **Imponer la idea de que el feminismo es la única y verdadera forma de liberación continúa bajo la lógica supremacista blanca de la verdad que buscamos cuestionar.** Hay movimientos que no se definen como feministas, sino como antipatriarcales, mientras que otros se reconocen como "mujeres que luchan". Ninguna de estas alternativas de organización representa una amenaza, al contrario, forma parte de la gran red de resistencias y solidaridad que podemos tejer en conjunto con comunidades con las que tal vez no tenemos nada en común más que el deseo por obtener la liberación de todas las personas. Date la oportunidad de conocer más sobre ellas ¿desde dónde teorizan?, ¿cuáles son sus objetivos? Y, sobre todo, ¿qué podemos aprender de dialogar con ellas?, ¿qué conocimientos valiosos podemos intercambiar?

En este sentido tenemos mucho que aprender de la organización Combahee River Collective, que destacaba la importancia de enunciar claramente nuestras identidades y utilizarlas para articular la lucha por la liberación de todas las personas. Este colectivo fue creado en 1974 por mujeres lesbianas/*queer*, negras, de la clase trabajadora, en Estados Unidos, debido a sus necesidades específicas en espacios de organización por la obtención de sus derechos civiles. En sus propias palabras, tanto en los movimientos feministas como en los movimientos negros estadounidenses vivían discriminación. En el primer espacio vivían racismo por parte de las mujeres blancas, y en el segundo, misoginia por parte de los hombres negros. A partir de estas experiencias fue que decidieron organizar un colectivo propio que reconociera su lucha contra el racismo y contra el patriarcado. Ellas fueron las creadoras del concepto "política de identidad" (*identity politics*). Las políticas de la identidad proponen que nuestra identidad influye en la manera en la que analizamos la sociedad en la que vivimos y la manera en la que pretendemos llevar a cabo un proceso de liberación amplio. Para las mujeres del colectivo Combahee, el racismo, sexismo, lesbofobia y clasismo definieron su análisis político y la manera en la que se enfrentarían a los sistemas de opresión. Decidieron organizarse con base en sus propias necesidades; entendiendo que no podían separar las formas de opresión y verlas de forma aislada. Sus experiencias les habían mostrado que estas violencias se expresaban de manera conjunta y que las vivían precisamente por encarnar una combinación de varias categorías identitarias. Además, para este colectivo era importante la solidaridad; para obtener la liberación colectiva se debían poner sobre la mesa las necesidades de cada comunidad en particular. Es decir, quizás tú y yo no tengamos las mismas dificultades, pero haremos lo posible por reconocer estas diferencias y desde la solidaridad apoyarnos mutuamente, porque la liberación mía depende de la tuya y viceversa.

Lo que debemos recordar es que los movimientos por la justicia social no son competencias, es decir, si el movimiento antirracista obtiene una victoria, esto no significa que sea un espacio menos para el feminismo. No es necesario elegir un bando o poner una lucha encima de la otra. El paso fundamental es recordar que la unión fortalece todos los movimientos; debemos escuchar cuáles son las necesidades de cada comunidad para hallar maneras de colaborar y lograr nuestros objetivos en común.

Una de las malas interpretaciones de la noción de "políticas de identidad" es asumir que pertenecer a una comunidad históricamente conlleva una virtud inherente. Este tipo de interpretaciones permitieron el desarrollo de la "captura de la élite"; la suposición de que poner a una persona que pertenece a un grupo minorizado en un puesto de poder equivale a una mejora sistémica, sin importar las acciones que lleve a cabo en el puesto. Sin embargo, solo porque una persona pertenezca a una comunidad históricamente oprimida no significa que esa identidad determine sus valores, creencias políticas o acciones.

Así como asumir que una persona es inherentemente inferior porque pertenece a una comunidad históricamente violentada es una perspectiva deshumanizante, también lo es asumir que una persona es inherentemente virtuosa por su pertenencia. Por ejemplo: el racismo dice que las personas racializadas son más flojas o más tontas debido a su "raza". En realidad, el antirracismo propone dejar de entendernos de esta manera rígida y binaria: que eres o totalmente buena o totalmente mala. Afirma que debemos juzgar a las personas por sus acciones y la manera en la que contribuyen a movimientos de liberación. Asimismo, hace un énfasis en el trabajo de personas que no son blancas precisamente porque el racismo ignoró conscientemente sus contribuciones debido a la supuesta raza a la que pertenecen. En este sentido, podemos reconocer dos verdades que coexisten, las personas blancas son privilegiadas por

• Interseccionalidad •

el sistema racista en el que vivimos y, al mismo tiempo, si deciden ser antirracistas, pueden usar ese mismo privilegio para desmantelar el racismo y contribuir a la igualdad. Son frecuentes las posturas desde movimientos sociales que plantean la necesidad de excluir y desconfiar absolutamente de las personas que se privilegian de los sistemas de opresión vigentes con una lógica esencialista. En otras palabras, se cree que no podemos incorporar a personas blancas a movimientos antirracistas ni a los hombres a lucha feminista (por solo nombrar algunos ejemplos) porque siempre serán racistas/machistas, porque *está en su naturaleza*. Sin embargo, debemos dejar de lado estas ideas precisamente porque también son parte de la forma de pensar supremacista blanca y racista a la que nos oponemos. Asumir que una persona tiene ciertas características de personalidad debido a su racialización, clase o género no contribuye a eliminar los sesgos institucionales que discriminan con base en categorías arbitrarias. Si continuamos con esta idea de separatismo incorporando múltiples categorías identitarias, podría resultar lógico sacar a las mujeres blancas de espacios feministas porque son racistas y es seguro que van a violentar a las mujeres racializadas. Creo que vale la pena dar el beneficio de la duda a todas las personas que tengan un interés sincero en ser feministas o antirracistas, aunque se beneficien de estos sistemas. Cuando estudiamos los movimientos sociales en la historia, los mayores avances fueron obtenidos cuando múltiples luchas se organizaron de forma solidaria. Como vimos a lo largo del capítulo, todas las formas de opresión se alimentan entre sí. Por ende, la abolición de una de estas violencias estructurales también beneficia a las demás. Muchas de las pensadoras feministas más importantes de los siglos xx y xxi fueron mujeres lesbianas o de la diversidad sexual, antirracistas, anticapacitistas y siempre dejaron clara la amplitud de su lucha. Angela Davis, Marielle Franco, Audre Lorde son tan solo algunos ejemplos que les recomiendo para aprender de una manera compleja e integral los movimientos en contra de la opresión. Al mismo tiempo, también son necesarios los espacios de organización política que solo sean para personas racializadas, o para mujeres en las que podamos organizar y teorizar a partir de nuestras experiencias y necesidades específicas.

De esta manera, abrimos espacio para todas las facetas de nuestra experiencia humana; así como podemos destruir o dañar, tenemos en nosotras mismas la capacidad de construir, contribuir a movimientos de liberación y luchar por el bienestar colectivo. Además, podremos organizarnos con base en las identidades que tenemos para destacar todas las formas en las que se articulan los sistemas de opresión —no podremos tener un futuro antirracista sin que también esté libre de homofobia, transfobia, clasismo, capacitismo, machismo y otras formas de opresión—.

• Interseccionalidad •

Preguntas para continuar la discusión

¿Has leído acerca
de los movimientos feministas?

¿Qué tipo de feminismos conoces?

¿Te identificas como
una persona feminista?

¿Qué tipos de feminismo
resuenan con tu experiencia?

La letra (racista) con sangre entra

Quiero dedicar un capítulo a hablar de la relación entre racismo y educación porque la escuela es uno de los espacios en los que el racismo se hace más evidente; en ella se normalizan muchas de las ideas y acciones racistas que persisten a lo largo de nuestras vidas. Además, es en estos espacios que tenemos nuestro primer acercamiento con la supremacía blanca de forma institucional; puesto que nos enseñan a valorar ciertos tipos de conocimiento por encima de otros. En este sentido, podemos tomar como ejemplo la producción de conocimiento científico, que se jacta de ser objetivo. Sin embargo, teóricas como Diana Maffía[35] se han dedicado a escribir sobre la ciencia como un proceso influido por las instituciones; con sesgos políticos, culturales, así como las dinámicas de poder presentes

---

[35] Suárez Tomé, Danila. 2021. "Diana Maffía", en *Material de Lectura* núm. 2. Vindictas, pensadoras feministas latinoamericanas, Nueva época. México: Dirección General de Publicaciones y Fomento Editorial UNAM. http://www.libros.unam.mx/diana-maffia-material-de-lectura-num-2-vindictas-pensadoras-feministas-latinoamericanas-nueva-9786073051279-libro.html

al momento de la investigación. Maffía describe cómo la ciencia desarrolló un "sujeto epistémico"; el único sujeto capaz de producir conocimiento válido y valioso. Este sujeto epistémico es el hombre blanco, heterosexual, cisgénero, de clase alta, sin discapacidades. De esta manera, cualquier cosa que diga una persona desde este lugar será considerada seriamente, porque es en sí misma la voz de lo legítimo y "lo objetivo". Por ello, entre más se aleje una persona de estas características más se le cuestionará la legitimidad de lo que quiere decir, se desconfía inherentemente del conocimiento que produzca porque no es el sujeto que la ciencia reconoce.

Pensadores como Paulo Freire y bell hooks criticaron los sistemas educativos prevalentes en el siglo XX. La educación se ve como un producto o servicio privado que debe garantizar ciertos resultados, crear trabajadores para los sectores necesarios en el mercado y proveer mano de obra calificada para suplir sus exigencias, en lugar de pensar en la importancia del desarrollo de los seres humanos. Por ello, los espacios educativos están casi completamente dominados por un pensamiento neoliberal y capitalista, que por ende es racista, misógino, clasista, LGBTQfóbico y capacitista. Por otra parte, también quiero hablar de la importancia que puede tener una educación con perspectiva antirracista en la formación de los seres humanos, que, así como la escuela puede ser un lugar agresivo y deshumanizante, contiene la posibilidad de ser un espacio que nutre, que fomenta la discusión y que puede dar las herramientas para cuestionar y cambiar aquello que nos oprime.

Como vimos en el capítulo dos, dedicado a la historia del racismo en México, muchas ideas racistas en el país se afianzaron en el pensamiento colectivo gracias a lo aprendido dentro del sistema educativo desde principios del siglo xx. Pensadores como José Vasconcelos dejaron un legado complejo; por una parte, entendían la importancia de la educación como una herramienta para mejorar la sociedad mexicana, sin embargo, sus ideas sobre cómo se veía ese "mejoramiento" resultan problemáticas cuando las vemos desde el presente. Así como existen espacios y contextos en los que se celebran las contribuciones de Vasconcelos, aquí quiero hablar sobre sus defectos. No con el propósito de "cancelarlo", es decir, de fingir que nunca existió o retratarlo como un "villano", sino para utilizar estos puntos para ampliar las posibilidades de lo que la educación nos ofrece en el presente. En la época de Vasconcelos la educación escolarizada, es decir, aquella en la que hay un docente impartiendo clases a un grupo de estudiantes, fue un medio para asimilar a la población indígena a la identidad mestiza, con el propósito de crear una población mexicana homogénea, que tuviera los mismos valores e ideales. A pesar de las transformaciones por las que pasó el sistema educativo desde inicios del siglo pasado, desafortunadamente persisten lógicas racistas que aún afectan a las infancias que están en la escuela en la actualidad. La educación y la cultura son entendidas como dos pilares fundamentales para el desarrollo humano, sin embargo, no se valora por igual cualquier educación ni cualquier cultura. Seguramente alguna vez escuchaste decir que una persona "tiene mucha cultura", para dar a entender que sabe mucho. De la misma manera, una persona que tira basura en la calle es llamada "maleducada". Existe una asociación moral con la educación y la cultura; para empezar, se considera como algo que se "tiene" o "no se tiene", a pesar del hecho de que todas las personas tenemos cultura y educación. Esto se debe a que, gracias a los procesos de colonización, la cultura que se valora es la que está basada en la blanquitud; es decir, la historia y los valores de la élite europea. Entre mayor similitud tenga una cultura o una educación con estos referentes, se considerará mejor debido a la naturaleza institucional de la blanquitud. Asimismo, la educación que se aprecia es la que ocurre en las instituciones educativas creadas por personas blancas con base los mismos valores de la blanquitud. Se toma como referencia y como "lo neutro" a la cultura y conocimiento de la historia eurocéntrica y blanca. Como la mayoría de las instituciones educativas tienen una perspectiva eurocéntrica y racista, valoran únicamente el conocimiento producido en estos contextos, demeritando otras formas de conocimiento creadas fuera de sus instituciones y metodologías.

Tener acceso a la educación escolarizada suele considerarse como garantía del conocimiento que tenemos. En otras palabras, si vas a la escuela seguramente eres inteligente y sabes de lo que hablas (sin importar la temática). En el nivel universitario esto es particularmente frecuente, tanto en licenciaturas como en posgrados. Hay un gran problema de soberbia en los espacios educativos; nos enseñan que se trata de sistemas meritocráticos en los que las personas más inteligentes "triunfan", obtienen becas, recursos de investigación, etcétera. La educación, lejos de ser "el gran ecualizador" que podría promover la movilidad social y la desmantelación de los sistemas de opresión, se convierte en una expresión más de la desigualdad, en la que las personas más privilegiadas sobresalen fácilmente y las personas con menos privilegios deben esforzarse el doble para continuar en la escuela.

¿Por qué formar a infancias antirracistas?

Desde los primeros años de la infancia, el salón de clases es un espacio en el que aprendemos cuál es nuestro lugar en el mundo de acuerdo con las categorías sociales a las que pertenecemos. No solo por los temas que nos enseñan y la forma en la que se transmite la información, sino porque estos espacios suelen reforzar las dinámicas discriminatorias con las que nos seguiremos encontrando a lo largo de la vida. Cuando se habla sobre la importancia de educar de manera antirracista a las infancias, una respuesta común es que "son muy jóvenes" para discutir y aprender sobre estos temas, que les niñes son amables con todas las personas y no entienden de violencias sistémicas ni políticas. Aunque es verdad que no nacemos con pensamientos y actitudes racistas, es precisamente durante la infancia cuando estamos absorbiendo todo lo que ocurre a nuestro alrededor, que somos más vulnerables ante estas ideas.

En mi caso, y el de todas las personas racializadas con las que he platicado al respecto, las primeras agresiones racistas que recordamos ocurrieron durante la infancia. Tal vez fueron comentarios o malos tratos que no supimos interpretar a esa corta edad, sin embargo, en retrospectiva comprendemos que se trataron de actos racistas. Lo mismo ocurre cuando hablamos de las infancias *queer* o trans; muchas personas de la comunidad recuerdan ser señaladas desde temprana edad con términos discriminatorios debido a su forma de ser. También tenemos el ejemplo de la diversidad corporal; nos enseñaron desde la infancia a señalar y burlarnos de los cuerpos gordos, de la supuesta falta de control de los compañeros o compañeras que no tenían cuerpos delgados y que podíamos referirnos a esas personas únicamente por el apodo "gordo/gorda".

Es fundamental partir de los señalamientos que vivimos de la infancia, porque, como mencionamos en capítulos anteriores, todas las formas de opresión están vinculadas y se construyen entre sí. No podemos hablar de racismo de manera aislada porque no se manifiesta de esta manera en nuestra vida cotidiana. Es probable que las personas blancas no vean la necesidad de tener discusiones sobre racismo hasta la vida adulta (si es que ocurren en absoluto), precisamente porque no es una categoría social que influya de manera negativa en sus vidas. En otras palabras, lo que no ven, no existe. Es el mismo caso con personas heterosexuales, cisgénero o personas con cuerpos delgados. Es fácil demeritar a las personas que hablan sobre las heridas provocadas por estas agresiones durante la infancia porque no las vivimos. Pero es precisamente el hecho de formar parte del grupo dominante que origina este tipo de comentarios escépticos:

"Ay, ¿no estarás exagerando?".

"Seguro no fue con mala intención, estaban jugando, eran niños".

"No fue para tanto, qué delicaditos salieron".

==La característica principal del privilegio es que nos facilita tanto la vida, que ni siquiera se nos ocurre que haya una experiencia distinta, nos concede la posibilidad de transitar los espacios sin ser excesivamente conscientes de nuestros propios cuerpos, simplemente podemos ser.== Evitar hablar de racismo (entre otras formas de opresión sistémica) con las infancias bajo el argumento de "protegerles" tiene efectos totalmente contraproducentes. En lugar de fomentar el trato igual entre las pequeñas personas en desarrollo, estamos perpetuando la desigualdad que la sociedad impone sobre elles por el cuerpo que habitan. Las infancias blancas no se ven obligadas a pensar en el racismo porque no tienen motivo; los medios, la escuela e incluso la familia les transmiten el mensaje de que sus cuerpos son bellos, valiosos e importantes. En el peor de los casos, aprenden que su valor personal reside en la forma en la que se ve su cuerpo. Es decir, creen que lo más importante que le tienen que ofrecer al mundo es su "belleza", y que eso los hace mejores que otras personas. Esto es particularmente relevante en el caso de las niñas, pues estas ideas se vinculan a las ideas patriarcales que nos valoran únicamente por nuestra apariencia. En este caso en particular, las niñas blancas, afectadas negativamente por las ideas misóginas y beneficiadas por las ideas racistas, aprenden que lo único que importa es verse "bonitas", que deben ser más bonitas que las demás, pero que lo son más que las niñas racializadas. La opresión no es absoluta, por lo que es posible discutir los matices de las experiencias; es posible vivir las desventajas del sexismo y las ventajas del racismo al mismo tiempo. La infancia es un periodo clave en la vida, ya que es la etapa en la que aprendemos cómo relacionarnos con las demás personas (ya sea de manera sana o disfuncional). Es imposible acercarse a la crianza y a la educación de las infancias con una postura "neutra", ya que esta noción fue construida deliberadamente con base en la opresión; el referente de lo "neutro" y "objetivo" fue la perspectiva masculina, blanca, cisgénero, occidental, heterosexual, desde hace cientos de años. Si evitamos tener conversaciones sobre la discriminación, el silencio en torno a estas temáticas nos hace cómplices del *statu quo*, es decir, de las jerarquías existentes y su normalidad.

Con base en la idea de mestizaje que propone que las "razas inferiores" pueden mejorar a través de la asimilación a la cultura mestiza, podemos entender por qué se crearon políticas educativas desde principios del siglo XX que, así como buscaron incrementar el índice de alfabetización en México, impulsaron también la erradicación de las lenguas originarias. Miles de personas indígenas denunciaron la violencia vivida en la escuela primaria: las burlas, castigos e incluso violencia física por hablar sus lenguas. En 2018, el Instituto Nacional para la Evaluación de la Educación determinó que entre el 14 y el 16 % de alumnos indígenas había recibido algún castigo o regaño por hablar su lengua materna en la escuela.[36] Tan solo en 2022 ocurrió un caso particularmente violento: Juan, un niño otomí de 14 años, fue quemado por sus compañeros

---

[36] Moreno, Teresa. 2018, 21 de febrero. "Reprimen uso de lenguas indígenas", en *El Universal*. https://www.eluniversal.com.mx/nacion/seguridad/reprimen-uso-de-lenguas-indigenas/

de escuela en Querétaro por "no hablar bien español" y por ser indígena.[37] Esto demuestra que el racismo es un tema que debe abordarse de forma colectiva: el problema no es que Juan valore o no su identidad indígena (que es el énfasis que se hace en muchos casos de racismo, se dice también que son "complejos", que debemos superar o que no debe importarnos lo que piensen los demás), sino que el ambiente escolar era hostil hacia su persona. Sus compañeros lo agredían, pero su maestra también lo humillaba en el salón de clases y se negó, junto con la directora del plantel, a cambiarlo de salón porque supuestamente no había motivo. Además, tras el incidente, la maestra no llamó a servicios de emergencias ni atendió al niño de acuerdo con la gravedad de sus heridas. Asimismo, la familia de Juan fue amenazada; si demandaban, la escuela no se haría cargo de los gastos médicos. La nota publicada en el periódico *El País* apunta hacia dos factores importantes: por una parte, la secretaria estatal de Educación del estado de Querétaro, Martha Elena Soto, negó que se tratara de *bullying* o racismo, adjudicando la agresión a tensiones derivadas del "encierro" de la pandemia de covid-19. Por otra parte, esta agresión no es un hecho aislado, el hermano y las hermanas de Juan fueron víctimas de ataques en años previos al incidente de 2022, tanto de forma física como verbal. Esta clase de hechos violentos no son aislados ni mera casualidad, son comunes en todo México. El problema no son únicamente las enseñanzas impartidas como parte del currículo en el salón de clases

---

[37] Camhaji, Elías. 2022, 3 de julio. "Quemado vivo por ser indígena: el brutal ataque contra un estudiante otomí en una escuela de México", en *El País*. https://elpais.com/mexico/2022-07-03/quemado-vivo-por-ser-indigena-el-brutal-ataque-contra-un-estudiante-otomi-en-una-escuela-de-mexico.html

(en los que nos enfocaremos en un momento), sino el contexto en el cual se pretende enseñar. Si el mismo entorno es hostil hacia ciertos estudiantes, su proceso de aprendizaje de verá entorpecido por las distracciones derivadas del abuso, la agresión y el señalamiento.

Quizás les resulte sorprendente saber que el racismo en el ámbito educativo mantuvo tanta fuerza en el siglo XXI que constantemente se expulsa a estudiantes racializades del salón de clases debido a la magnitud de las violencias que viven. Desafortunadamente, este tipo de eventos, lejos de ser excepcionales, son expresiones de la norma racista que rige el acceso y la calidad de la educación para las personas indígenas y negras en este país. De acuerdo con un análisis de datos del censo del INEGI de 2020, realizado por la Colectiva de Mujeres Afromexicanas en Movimiento (Muafro), los municipios con entre el 40 y el 70 % de la población negra/afrodescendiente/afromexicana tenían un porcentaje de analfabetismo del 13.7 %, y la cifra aumentaba a un 18.2 % en los municipios en los que más del 70 % de la población es negra. En comparación con la media nacional, que es del 4.7 %, existen entre 9 y 13.5 puntos de diferencia. Aunque el grado promedio de escolaridad nacional para personas de 15 años en adelante es de 9.7 años, en los municipios cuya población negra va del 40 al 70 %, la escolaridad baja a 7.7 y en las comunidades en las que más del 70 % de los habitantes son afrodescendientes, la cifra se reduce a 6.8 años.[38] En otras palabras, en los territorios habitados

---

[38] Mares Rivera, Tamara. 2022, 24 de octubre."Ven 'racismo estructural'. Comunidades afromexicanas viven desigualdades en educación, trabajo, acceso a agua...", en *SinEmbargo*. https://www.sinembargo.mx/24-10-2022/4274016

mayoritariamente por personas negras, la escolaridad no suele rebasar la primaria. Ahora bien, en lo que respecta a la población indígena, el nivel de escolaridad promedio para personas de 15 años en adelante que hablan una lengua indígena es de 6.2 años, mientras que para las personas no hablantes de lengua indígena aumentaba a 10 años. Además, en el caso de las mujeres hablantes de una lengua indígena, tenían en promedio 5.8 años de escolaridad, en contraste con mujeres no hablantes, que tenían 9.9 años.[39] De esta manera, se hace evidente la forma en la que múltiples formas de opresión influyen en el acceso a la educación que tienen las personas racializadas; como lo son en este caso el territorio en el que se habita y el género.

Las trampas del "¡échale ganas!"

Es fundamental reconocer que estos casos a nivel individual son el resultado del racismo sistémico, expresiones específicas de la desigualdad que genera la discriminación de las instituciones. Es decir, podría ser fácil decir que se trata de situaciones aisladas, que es una cuestión de "complejos" o de "perseverar y no dejarse". Sin embargo, perspectivas de esta naturaleza ponen la culpa de la violencia en las personas afectadas en lugar de mirar hacia los verdaderos culpables: las instituciones que crearon y facilitaron esta clase de dinámicas a través de las políticas que generaron (u omitieron) sobre las personas negras e

---

[39] INEGI. 2022, 8 de agosto. Comunicado de prensa número 430/22, pp. 6-7.

indígenas. No solo se generan políticas discriminatorias, sino que nos enseñan a verlas de forma romántica; no es obstaculizar deliberadamente la presencia de ciertas comunidades en la escuela, sino un "reto", y solo las personas "más inteligentes" podrán continuar sus estudios. Un ejemplo de estas ideas es la forma en la que se plantean los exámenes de admisión a las universidades, obtener un lugar para estudiar en la universidad pública se piensa como un logro que depende únicamente del esfuerzo individual. Sin embargo, cuando se analizan los datos de una institución educativa prestigiosa como la UNAM, los resultados dejan en evidencia que "el ingreso a la licenciatura de la UNAM por medio del examen está condicionado por las características socioeconómicas y culturales de los estudiantes".[40] En el análisis realizado por Santiago-Andrés Rodríguez, quienes tenían mayores probabilidades de ingresar por medio del examen de admisión a una licenciatura en esta institución eran hombres de orígenes socioeconómicos medios y altos con acceso a recursos culturales, que cursaron el bachillerato en escuelas privadas bajo el sistema incorporado y que finalizaron sus estudios en tres años con promedio alto. Las herramientas que se han presentado como formas "objetivas" de determinar la "inteligencia" necesaria para estudiar una licenciatura en realidad han sido filtros que reproducen la desigualdad. Como se nos dice que son exámenes objetivos, en lugar de criticar a las instituciones que tienen maneras tan limitadas de determinar quiénes tendrán

---

[40] Rodríguez, Santiago Andrés. 2022. "Desigualdad de oportunidades en el ingreso a la licenciatura de la UNAM por concurso de selección: reconfiguraciones y persistencias", en *Revista Iberoamericana de Educación Superior* (RIES), vol. XVIII, núm. 37. https://www.ries.universia.unam.mx/index.php/ries/article/view/1302/1421

acceso a una educación universitaria gratuita, se pone la culpa sobre quienes no pudieron pasar el examen, como si su desempeño en estas pruebas estuviera determinado únicamente por su habilidad y no por las condiciones en las que viven y estudian. Este tipo de ideas tiene un vínculo cercano con las teorías eugenésicas que discutimos en capítulos anteriores; se asume que algunas personas son "más inteligentes" que otras de manera innata y que sus talentos se hacen evidentes sin importar el contexto del que provengan. La realidad es que el talento y la inteligencia son una parte mínima de lo que se requiere para desempeñarse adecuadamente en una carrera universitaria; más que preocuparnos por las habilidades innatas debemos insistir en el contexto que facilita o dificulta que las personas interesadas puedan continuar sus estudios. En este sentido influyen estas categorías:

- **Raza:** ¿Se asume que no perteneces al grupo del salón de clases por tu apariencia? ¿Te han hecho comentarios racistas profesores o compañerxs? ¿Existen recursos educativos disponibles en las lenguas indígenas habladas en México?
- **Clase:** ¿Cómo llegas a clase? ¿Caminando? ¿En carro o transporte público? ¿Tienes el dinero para pagar el transporte que te lleve a la escuela todos los días? ¿Tienes que trabajar para obtener ese dinero? ¿Cuánto tiempo tienes que trabajar para poder dedicar tiempo a estudiar?
- **Género:** ¿Estás a cargo de los cuidados de alguien más? ¿Hay alguien que pueda ayudarte en estas labores para que puedas estudiar? ¿Temes

ser agredidx en los baños por ser percibidx como amenaza? ¿Te han acosado sexualmente en un contexto académico? ¿Tienes que seguir interactuando con la persona agresora?
- **Discapacidad:** ¿El plantel es accesible para personas con discapacidades motrices? ¿Existen recursos para posibilitar la participación de estudiantes con discapacidades visuales o auditivas?
- **Orientación sexual:** ¿Hay profesores que te van a reprobar por sus prejuicios homofóbicos o transfóbicos? ¿Recibirás comentarios agresivos o agresiones físicas? ¿Tus documentos concuerdan con tu identidad?

Estos son tan solo algunos ejemplos de todas las variantes que influyen en la experiencia que tenemos en el salón de clases y en las instituciones educativas. La forma en la que consideramos el talento y el "genio" tienen una influencia sustancial del racismo, clasismo y la misoginia. Nos enseñaron que la inteligencia y el talento son características inherentes; es algo que sencillamente se tiene o no se tiene. Asimismo, que hay quienes nacen con una inteligencia desmedida, que gracias a ciertas pruebas (como el examen de IQ) es posible determinar quiénes son "genios". Este tipo de ideas en torno al intelecto están basadas en lógicas eugenésicas, porque, en primer lugar, se pone más atención en las habilidades supuestamente innatas que en las condiciones sociales que rodean a la persona en cuestión. Si nos enfocamos únicamente en las habilidades como el factor determinante en el desempeño académico, podríamos llegar a la conclusión de que hay ciertos grupos de personas que destacan "naturalmente" y otras que no lo logran. Asimismo, si definimos la inteligencia a través de estándares rígidos como la prueba de IQ, entonces solo una fracción de la población será considerada inteligente, ya que la información que estiman relevante para la prueba es únicamente aquella producida en un contexto occidental y blanco. Es decir, si una persona no sabe describir los aportes de Aristóteles a la filosofía, pero sabe identificar y encontrar todas las plantas medicinales en su entorno, así como los usos que tienen, entonces... ¿no es inteligente? Asimismo, estas formas de medir la inteligencia están basadas en las necesidades de la sociedad capitalista. Los sistemas educativos nacionales suelen construirse con base en las necesidades del mercado y las habilidades apreciadas por las organizaciones; ¿qué tipo de trabajadores son requerides?, ¿qué tipo de conocimientos deben tener para desempeñarse en las industrias que están "de moda"? Por ende, también se van clasificando a les estudiantes de forma jerárquica, enseñándoles que solo son valiosos en la medida en que aprendan algunos conocimientos específicos. Asimismo, cuando se hace un análisis de datos sin una perspectiva social, es decir, sin incorporar la influencia de los factores sociales en los resultados, las conclusiones obtenidas refuerzan ideas discriminatorias, porque asumen que la diferencia en el desempeño de distintos grupos de personas es su talento y no la cantidad de obstáculos a los que deben enfrentarse.

Los doctorados no quitan lo racista

Otro factor fundamental que influye en la presencia de distintas comunidades históricamente marginadas en la academia son las posturas y tratos recibidos por parte de las figuras de autoridad; principalmente profesores y quienes se dedican a la investigación, que cuentan con plazas y todas las facilidades para acceder a recursos y oportunidades para desarrollar sus proyectos. El mundo académico tiene un grave problema de racismo (y misoginia, clasismo, capacitismo...), y aunque ocurrieron discusiones al respecto, impulsadas por la organización de personas al interior de la academia que buscan terminar con la opresión, aún falta mucho trabajo por hacer. La ciencia tuvo sesgos racistas desde sus orígenes, pues se buscaba generar argumentos que justificaran la supuesta inferioridad de las "razas" que no eran blancas, así como el dominio que la gente blanca debía ejercer sobre les demás. Asimismo, la idea de la "objetividad" racionalizaba estas ideas sesgadas; las convertía en evidencia científica legítima que era citada con frecuencia.

La noción de objetividad es una de las grandes victorias del pensamiento eurocéntrico; uno de los postulados básicos del pensamiento científico es la búsqueda de la objetividad, es decir, el estudio y descripción de lo que se observa sin la influencia de sesgos personales. Por ello, incluso se habla de las ciencias sociales y las ciencias "duras" para enfatizar el uso de la objetividad. Mientras que para la primera categoría se entiende que muchos de los fenómenos descritos están bajo el análisis de cada una de las personas investigadoras, se asume que todo el conocimiento generado desde las ciencias "duras" es objetivo porque puede ser verificado a través de la experimentación. Sin embargo, todas las disciplinas científicas albergaron lógicas discriminatorias, precisamente porque el contexto en el que se crearon en la Europa de los siglos XVIII y XIX tenían estas ideas y buscaban justificarlas a través de la ciencia. Ninguna investigación académica es llevada a cabo de manera "objetiva", puesto que influye el punto de partida de quienes investigan, el origen de los recursos para la investigación, así como sus objetivos. Esta no es una desventaja o un defecto; cuando decidimos enunciar claramente desde dónde estamos teorizando, podremos comprender cómo influye esta perspectiva en el análisis que hacemos de la información obtenida.[41]

Por ello, una labor importante dentro del mundo académico fue volver a examinar múltiples disciplinas para explorar la forma en la que el conocimiento generado se basó en ideas racistas. Buena parte de este proceso fue gracias al trabajo de personas racializadas en el campo de la investigación, quienes hicieron el esfuerzo por romper con la imagen de los pueblos originarios como objetos, bichos de laboratorio sin voz a ser estudiados, para pasar a ser sujetos de agencia. En otras palabras, las personas que normalmente eran consideradas como meros temas de investigación y no como personas capaces de crear conocimiento están trabajando desde la academia para cuestionar estas maneras deshumanizantes de ser retratadas en la ciencia. A pesar de que existe una mayor

---

[41] Para conocer más al respecto, puedes leer "Lugar de enunciación" de Djamila Ribeiro (editado por Tumbalacasa ediciones, traducido por Fernanda Barreto), un breve texto introductorio a este tema escrito por una de las pensadoras afrobrasileñas más importantes del presente.

presencia de personas racializadas en las ciencias, el acceso a la educación universitaria, tal y como vimos en los apartados anteriores, sigue siendo muy limitado para las personas negras e indígenas en México. Por ende, al igual que en todos los demás sectores laborales de nuestra sociedad, la mayoría de las personas que tienen puestos de poder dentro de las instituciones académicas del país son blancas. Gracias a los discursos meritocráticos dentro de la academia, creen que sus logros se deben únicamente a su esfuerzo individual y que no tienen influencia los privilegios a los que tuvieron acceso a lo largo de su vida. Es particularmente difícil señalar estos matices dentro de la academia, pues, precisamente por dedicarse a la generación de conocimiento, muchas personas se creen inmunes al error y a realizar actos discriminatorios, ya que su trabajo está situado dentro de la "objetividad" y la crítica racional. Quizá surja un sentimiento de duda al criticar el comportamiento racista de personas dentro de las instituciones educativas; se repite frecuentemente que el racismo es un tema de "poca educación". ¿Acaso las personas de las que estamos hablando no tienen una infinidad de grados académicos? Debemos plantear el racismo y otras formas de opresión, no como solo como temas de "educación" o falta de ella, sino de conveniencia y normalización de la desigualdad y la explotación. Cuando enfocamos las discusiones en torno al racismo únicamente en la ignorancia, también estamos excusando a las personas que están siendo partícipes de estos sistemas; la lógica subyacente es que, si supieran el daño que están haciendo, no se comportarían de esta manera, que el racismo ocurre por falta de conocimiento y que no existe una intención maliciosa detrás. Aunque estas de situaciones son posibles, el racismo no se alimenta principalmente de la ignorancia, sino del miedo, el rechazo, el asco y las ganancias obtenidas de explotar la mano de obra de otras personas en beneficio propio. Aunque es importante educar a los demás en temas de racismo y antirracismo, también debemos de contemplar que hay personas que son racistas porque es conveniente para sus propios intereses. Como vimos en el capítulo dos, centrado en la historia, desde los orígenes de la esclavitud africana se buscaron argumentos que justificaran el secuestro y esclavización de las personas negras porque los sistemas económicos necesitaban deshumanizar a la mano de obra para convertirla más fácilmente en mercancía. En la actualidad se sigue utilizando la ciencia como excusa para justificar el despojo; por ejemplo, con megaproyectos que desplazan a los pueblos originarios de sus territorios bajo el argumento que todo es en nombre del "progreso". Se insta a las personas que habitan estos territorios a acoplarse a los valores "modernos", es decir, los que ponen las ganancias económicas como prioridad, pretendiendo justificar esto a través de presentación de estadísticas y datos. Sin embargo, que un tipo de conocimiento justifique este tipo de decisiones no significa que sean las mejores decisiones para las comunidades locales. Aunque existen métricas institucionales que determinan qué es el bienestar, estas también tienen sesgos racistas, por lo que lo mejor sería considerar qué es el bienestar para las culturas distintas que habitan este territorio.

Además, se siguen utilizando los grados académicos como argumento para afirmar superioridad. Basta recordar un video que se hizo *viral* en redes en 2023 en el que la entonces alcaldesa de la Ciudad de México, Sandra Cuevas, afirmó con arrogancia: "¿Quién es? ¿Qué estudió?", para expresar desprecio por sus contrincantes políticos, y continúa afirmado que ella es "doctorante en derecho. Tengo dos maestrías. Me fui a estudiar a diez países".[42] Más allá del meme en el que se convirtió posteriormente esta declaración, nos resulta útil para comprender la manera en la que se utiliza el nivel educativo como medida para reforzar la blanquitud y el estatus. Se considera como un símbolo que pretende reiterar la autoridad de la persona que muestra sus grados.

Como parte del antirracismo, es fundamental reconocer que cualquier persona puede tener ideas o cometer acciones racistas; no existe la infalibilidad ni la perfección. No debemos endiosar a nadie, porque, al igual que la deshumanización, ponemos expectativas irreales sobre las personas. Cuando dejamos de ver las situaciones de forma binaria y rígida, podremos comprender que dos verdades pueden coexistir en una situación; una persona puede hacer aportes valiosos en la investigación, pero también puede tener opiniones basadas en prejuicios que pretenden justificar a través del conocimiento científico. Un ejemplo claro es el de James Watson, ganador del Premio Nobel por ser uno de los descubridores de la doble hélice del ADN. En 2019 le fueron retirados varios honores académicos por la serie de comentarios racistas, misóginos y homofóbicos que emitía públicamente. Respecto

---

[42] Expansión Política (@ExpPolítica). 2023, 26 de enero. "Respecto a las declaraciones del diputado Janecarlo Lozano sobre la solicitud de juicio político en su contra, Cuevas aseguró no tener miedo de este tipo de amenazas". https://x.com/ExpPolitica/status/1618839205303533569

a la raza, declaró que se sentía "muy desanimado por la situación de los africanos, porque nuestras políticas sociales son impulsadas con el supuesto de que ellos tienen la misma inteligencia que nosotros, aunque las pruebas demuestran lo contrario".[43] Aunque se disculpó por estos comentarios, los reafirmó en una entrevista posterior que le hicieron a los noventa años, en la que declaró que la diferencia en los resultados de pruebas IQ entre blancos y negros se debía a la genética. En este sentido, así como debemos reconocer las valiosas contribuciones de este investigador, también debemos reconocer sus limitaciones y la credibilidad de sus opiniones en algunas áreas del conocimiento. Nos enseñaron que los grados académicos son como un pedestal; en cuanto una persona los obtiene, adquiere una legitimidad incuestionable para emitir (todas) sus opiniones. Hay una insistencia en pensar en términos absolutos; cualquier opinión que tengan las personas con grados académicos debe ser considerada seriamente y es inherentemente más valiosa que la de una persona que carece de estas acreditaciones. Si nos negamos a analizar de manera crítica el trabajo que hacen les intelectuales a lo largo de su carrera, enfocándonos únicamente en las contribuciones valiosas e ignorando u ocultando sus limitaciones, tampoco podremos llevar a cabo una investigación rigurosa. Por otra parte, no solo es valioso aquello que se crea dentro de la academia, el conocimiento tradicional nos permite conocer a profundidad el medio en el que habitamos, cómo relacionarnos con

---

[43] Solly, Meilan. 2019, 15 de enero. "DNA Pioneer James Watson Loses Honorary Titles Over Racist Comments", en *Smithsonian Magazine*. https://www.smithsonianmag.com/smart-news/dna-pioneer-james-watson-loses-honorary-titles-over-racist-comments-180971266/

las formas de vida con las que compartimos el espacio y cuál es la historia de nuestras comunidades; nos ofrece guías para llevar vidas plenas; basado en las experiencias de nuestres ancestres, determinar qué es el bienestar y cómo podemos vivir de esta manera. Nos enseñan a descalificar de inmediato el conocimiento de nuestras abuelas; sin embargo, poner nuestra atención en escuchar y aprender lo que tienen que decir es una de las maneras más poderosas en la que podemos enfrentarnos al racismo presente en el ámbito educativo. Todo mundo tiene educación y cultura; lo generado dentro de las ciencias no es la única información válida ni es superior, sencillamente es una manera más en la que se genera conocimiento.

Si realmente queremos participar en la creación de conocimiento desde las ciencias, también debemos reconocer aquello que resulta incómodo, porque da cuenta del trabajo que aún falta por hacer. En este caso puse el ejemplo de un científico que resulta ser un hombre blanco heterosexual adinerado. Sin embargo, todas las personas tenemos prejuicios o limitaciones en las que debemos trabajar. Los grados académicos no significan necesariamente que una persona tiene mayor conciencia social; todes fuimos criades para participar dentro de estos sistemas discriminatorios, ya sea de forma consciente o no. Por ende, a todas las personas nos corresponde trabajar tomando en cuenta las limitaciones de nuestras referencias, no pretendemos "cancelar" o eliminar la presencia de nadie dentro de la investigación, sino todo lo contrario. ¿Cómo podremos hallar nuevas preguntas si no interactuamos de manera crítica con el trabajo de quienes nos antecedieron?

• La letra (racista) con sangre entra •

Menos Revolución francesa, más Revolución haitiana

Sin embargo, hacer una revisión crítica del conocimiento científico o académico resulta mucho más complicado de lo que parece. El primer obstáculo es la equiparación de "lo universal" con la historia, la cultura y las referencias occidentales, blancas y masculinas. Cada ápice de conocimiento que tenemos es puesto bajo la lupa de la mirada occidental; si no es validada por esta, entonces se juzga como algo inútil, como superstición o simple mentira. Durante la infancia escuchamos cuentos de hadas —leyendas e historias infantiles que van forjando nuestra idea del mundo—, en estas formas narrativas se encuentra contenida la mayoría de las ideas dominantes que rigen nuestra sociedad. Desde este momento interiorizamos todas las ideas dañinas que nos serán reiteradas constantemente; qué historias valen la pena ser contadas, quiénes son los protagonistas y quiénes, a duras penas, son personajes secundarios. Las historias más visibilizadas son las que parten del contexto blanco, europeo y masculino. Esto es verdad tanto en la historia que aprendemos en la escuela como en las narrativas dominantes en el cine y la televisión, además de la literatura. En los medios de comunicación aprendemos a mirarlo todo a través de esa perspectiva, incluso dejando en segundo plano nuestros propios contextos, que pueden diferir de la versión dominante. Nos enseñan que el centro del universo es lo que salió de Europa, que fueron ellos quienes "descubrieron" el continente americano, que "trajeron civilización" porque aquí no había nada digno de mencionarse, y que el saqueo que llevaron a cabo a lo largo de quinientos años fue un mero intercambio amistoso. Prueba de esto son los temas que aprendemos en la educación básica en la materia de Historia Universal. A pesar del título, que sugiere una amplitud temporal y geográfica, esta materia suele abordar únicamente la historia de Europa occidental, poniéndolo como referente y punto de partida para explicar todos los procesos históricos de México y el continente americano. Nos enseñaron sobre la Revolución francesa y los valores de la Ilustración, pero no nos dijeron que al mismo tiempo que se desarrollaban estas ideas, los "ilustrados" franceses les negaban los mismos valores y derechos a otros seres humanos que consideraban inferiores, por ejemplo, a las personas negras que tenían esclavizadas en Haití. El problema no es que revisemos detenidamente la historia europea y la occidental, sino que se plantea como la única historia existente. La historia de los pueblos africanos y afrodescendientes, así como la de los pueblos originarios americanos, es vista como un breve paréntesis que, sin embargo, no tiene la misma importancia para entender a la sociedad mexicana contemporánea. Tampoco se discute el papel de estas comunidades más allá de su condición de esclavitud, no aprendemos sobre las rebeliones constantes que llevaban a cabo, ni de las formas de conocimiento que tenían (y siguen teniendo), a pesar de los intentos de genocidio y erradicación derivados de la colonización española. El sesgo racista de la educación consiste en retratar a los pueblos indígenas y afrodescendientes en México de manera limitada, como culturas "atrasadas" en contraste con las europeas, diciendo que eran "primitivas", "salvajes", entre otros términos que pretenden menospreciar sus aportes.

Estas ideas se diseminan fácilmente de manera general, porque en la escuela la vasta mayoría de las personas no aprendemos estas historias más que de manera plana y limitada. De esta manera, el racismo se vuelve una acción "fácil", porque se utilizan huecos creados intencionalmente en la enseñanza de la historia para hacernos creer que son pueblos "sin historia", sin un papel importante en los procesos históricos de nuestra sociedad. En este sentido, Nadia López, poeta y pedagoga mixteca, dedicó su tesis de licenciatura a revisar la manera en la que se enseñaba historia afromexicana en la educación básica.[44] Conversó con dos grupos de quinto grado de primaria en la ciudad de Oaxaca, así como con los profesores y profesoras a cargo de los grupos. Aunque su trabajo de investigación no pretende ser una afirmación generalizada sobre el aprendizaje de historia afromexicana en todo el país, como muestra puntual, nos dice mucho sobre las carencias que existen en el abordaje de este tema en la escuela. En los libros de texto se retrata a personas actuales africanas y asiáticas para hablar sobre las formas de caza de los "antiguos nómadas", sin embargo, las imágenes en realidad son de primates (es decir, ni siquiera muestran a seres humanos para hablar de estas culturas). La historia de la población africana en México se aborda de forma breve en estos libros y con varios errores, además de que fomentaba que los estudiantes asociaran a las personas negras con la idea de ser "salvajes", con todo lo

---

[44] López García, Nadia. 2020. *Nuestra tercera raíz. Un acercamiento al encubrimiento y el olvido de la afrodescendencia en la educación.* Tesis de licenciatura. UNAM, p. 115.

que este término conlleva. Finalmente, la autora concluye que existe un ocultamiento de la historia del pueblo negro en México, tanto en los libros de texto como en los planes de estudio, y que esto no es más que el resultado de la educación colonial y eurocentrista que domina en nuestro país. Discurso que, además, domina desde la educación básica hasta el nivel universitario. Por ello, no basta con los esfuerzos que se hagan de manera individual para mostrarles otras maneras de ver la historia a las personas jóvenes. Es fundamental llevar a cabo un cambio radical en los contenidos incluidos en los planes de estudio de la educación pública, se debe profundizar en estos temas y hablar con el mismo énfasis de la Revolución francesa y de la Revolución haitiana, por ejemplo.

¿Por qué es importante hablar de la historia con perspectiva antirracista? Rudine Sims Bishop, pedagoga afroestadounidense, nos puede ofrecer algunas claves importantes. Ella dedicó su carrera a investigar la literatura infantil, particularmente enfocándose en la diversidad cultural mostrada en estos textos. Ella propuso hablar de literaturas espejos, ventanas y puerta corredizas. Dice que las infancias deben tener a su disposición libros de esta naturaleza; los libros espejo son aquellos que les muestran entornos, culturas, cuerpos y experiencias similares a las suyas. Son importantes porque les hacen valorar plenamente sus identidades y apreciar su propia forma de ser. Es una reafirmación; "mi historia importa, vale la pena ser narrada porque la veo en un libro". Por otra parte, también deben tener a su disposición libros ventana; historias que muestran a otras culturas, otras tradiciones, otros cuerpos y otras formas de ser. Así, aprenden a valorar y respetar la diferencia, deja de ser una amenaza para tornarse en un aprendizaje sobre cómo son otras personas, qué tenemos en común y cuáles son nuestras diferencias. Por último, los espejos y las ventanas pueden convertirse en puertas corredizas porque permiten crear puentes; diálogos en los que podemos conocer a personas distintas a nosotras, compartir aprendizajes mutuos y entablar relaciones mediadas por el respeto. Partiendo de estas propuestas, no solo es importante que se amplíe el contenido en los planes de estudio sobre historia afromexicana para beneficiar a estas comunidades. También es importante que todo el mundo conozca sobre esta historia para ampliar sus horizontes de conocimiento, sobre otras formas de resistencia al colonialismo y para comprender plenamente la diversidad cultural de este país. Asimismo, tener mayor conocimiento sobre la historia afromexicana (por poner un ejemplo particular) es un paso importante para erradicar las formas de discriminación que afectan a las personas negras en este país. Desde que se afirma que "no existen negros en México" se está ocultando una parte importante de la historia de nuestra sociedad y se contribuye a continuar con las formas de violencia y exclusión que vivimos de manera sistémica desde hace cientos de años. Pero también contribuye a que redignifiquemos nuestra propia identidad y la manera en la que hablamos de nosotras, nosotres y nosotros mismos. Sí, nuestras ancestras y ancestros pasaron por muchas formas de violencia y opresión, pero también supieron hallar espacios de gozo, de celebración, métodos para contrarrestar la violencia que vivían. Sus vidas estaban atravesadas por la esclavitud y el trabajo forzado, pero también fueron mucho más que eso y merecen que les hagamos justicia de esta forma. ¿Qué pasaría con nuestra autopercepción si conociéramos a profundidad la historia de las comunidades a las que pertenecemos? Más allá de los discursos sobre mestizaje, sobre los criollos que supuestamente lograron la independencia ellos solos, y los valiosos legados culturales que mantenemos hasta la fecha.

Para bell hooks, teórica afrofeminista, el primer paso para sanar las heridas que tenemos es decir la verdad; reconocerlas y describir con detalle qué es lo que nos ocurrió, para saber desde dónde se genera el problema. En este sentido, el primer paso para modificar la prevalencia del racismo en la educación es describir todas las formas de violencia que se viven dentro y fuera del aula. Cómo nos excluyen de los planes de estudio, cómo describen a los pueblos originarios como grandes civilizaciones, pero del pasado. Para crear cambios sustanciales en la sociedad, es fundamental cuestionar las formas de racismo que están en cada ámbito de nuestra vida. La educación se lleva a cabo constantemente, tanto en la escuela como en la familia, como a través de los medios de comunicación.

Cualquier persona puede nutrir y desarrollar el pensamiento crítico, se requiere únicamente de la apertura para querer aprender, dialogar y cuestionar las ideas cimentadas en nuestra sociedad. Viviendo en la era de internet tenemos un arma de doble filo a nuestra disposición; por una parte, es el repositorio más grande de información de todo tipo, algo que nunca habíamos tenido en la historia de la humanidad. Con tan solo un clic podemos acceder a todo tipo de fuentes, libros, artículos, videos, etcétera.

La letra (racista) con sangre entra

Al mismo tiempo, abunda la información falsa, los discursos de odio y recursos que pueden ser utilizados para acosar y lastimar a las personas. Por ende, debemos darnos a la tarea de cuestionar las ideas discriminatorias con las que nos criaron y que vemos replicadas constantemente en la sociedad. Cada quien puede llevar a cabo su propia investigación concentrándose en el tipo de conocimiento que prefiera. Como la literatura es una de mis grandes pasiones, les pondré el ejemplo de cómo utilizar el pensamiento crítico para pensar en qué es lo que leemos.

Preguntas para continuar la discusión

Hay dichos populares que dicen que hay que estudiar para que no terminar de barrenderx/cocinerx o alguna otra labor "no calificada". ¿Alguna vez habías pensado en la lógica detrás de estos dichos? Son trabajos esenciales para el funcionamiento de la sociedad, ¿por qué son retratados con tal desprecio? ¿Alguna vez utilizaste este tipo de expresiones? ¿Recuerdas la primera vez que escuchaste estas ideas?

¿Recuerdas cuál fue el primer libro que leíste? ¿Cuál era el título? ¿Quién lo escribió? ¿Cuál fue el libro más reciente que leíste? ¿Quién lo escribió? ¿Cómo fue que decidiste leerlo? ¿Cuándo fue la primera vez que conectaste con un libro? Y si no te ha sucedido, ¿por qué crees que sea? De los textos que leíste en la escuela, ¿cuáles te resultaron aburridísimos? ¿Cuáles te gustaron? ¿Por qué?

¿A cuántas autoras has leído? ¿A cuántos escritores negros? ¿Cuántos escritores indígenas? ¿Cómo son los territorios que describen en los textos que has leído? ¿Se parecen a tu lugar de origen? ¿Cuáles son las diferencias?

Podría parecer que son preguntas aleatorias sobre la literatura; sin embargo, si comenzamos con ellas, podemos comenzar a vincular lo que los sistemas educativos nos enseñaron con ciertos sesgos. A partir de ahí podemos hacer propuestas que llenen los huecos que identificamos en nuestra propia formación; en este caso, los libros que hemos leído y los espacios en los que aprendemos sobre otras perspectivas y formas de conocimiento.

Representaciones y estereotipos racistas en los medios

Una de las conversaciones más frecuentes cuando se habla de racismo en México es la "representación". Más allá de la exclusión de personas que no son blancas en el mundo de los comerciales y las telenovelas, es fundamental examinar los motivos que nos instan como sociedad a "disfrazarnos" continuamente de personas indígenas, negras o asiáticas, la manera en la que esas representaciones influyen en cómo tratamos a las personas que provienen de estas comunidades y los resultados que estas actitudes tienen en las experiencias de quieres formamos parte de estas categorías racializadas. Estas actitudes no surgieron misteriosamente; para mantener los sistemas de opresión y reforzar la desigualdad, se inventan estereotipos que les quitan la dignidad a las personas y pretenden ponerlas "en su lugar". De esta manera aprendemos que existe una división "por razas" y cuáles son las actitudes esperadas de cada una de ellas. Los personajes blancos son retratados con una gama de emociones; desde la euforia hasta el desconsuelo, seres sensibles que muestran la variedad de la experiencia humana, historias con las que podemos conectar y empatizar con los personajes. En cambio, los personajes que no son blancos suelen ser planos, meros accesorios que sirven para resaltar la historia de las personas blancas que deben ser protagonistas. En las pocas veces que los protagonistas no son blancos, sus historias se ciñen a estereotipos trillados, solo se puede existir dentro de categorías limitadas. No existe la variedad de experiencias como a las que tienen acceso los personajes blancos, solo se habitan los extremos; o se trata de una caricatura alegre y dicharachera que no tiene ninguna preocupación o se trata de la encarnación misma de la tragedia y la desdicha. Caricatura o el espectáculo de la miseria, no hay más. Estas representaciones, de manera inevitable, van formando la idea que tenemos de las personas de acuerdo con su "raza", gracias a ellas desarrollamos prejuicios que afectan la manera en la que tratamos a las personas en la vida cotidiana, ideas que se despegan de las pantallas para ocupar nuestro imaginario y las acciones que tomamos con base en las imágenes que tenemos más presentes.

Usos racistas del humor

El humor tiene muchos usos y propósitos, sin embargo, para los fines de esta conversación nos enfocaremos en

• **Representaciones y estereotipos racistas en los medios** •

las formas en las que refuerza o critica a los sistemas de opresión.[45] Como expresión de poder, se suelen utilizar los chistes para recordarles a las personas oprimidas en la sociedad cuál es "su lugar", es decir, que ocupan un lugar inferior en la jerarquía social. A través del humor es posible agredir a los demás bajo el argumento de que se trata de un juego; como dice el dicho, "tirar la piedra y esconder la mano". Si la persona que es el objetivo de la burla reacciona de forma negativa, es fácil demeritar su respuesta diciendo que sencillamente estamos jugando y que no tiene por qué exagerar. La violencia funciona en dos niveles; en primer lugar, está la agresión en sí, seguida por la manipulación emocional cuando la persona agredida reacciona. En lugar de enfocar la atención en la persona que agrede, se centra en la persona agredida, culpándola por su reacción. Este tipo de agresiones es tan común que las personas racializadas aprendemos desde muy temprana edad que no podemos sentir plenamente la indignación y el enojo que produce este tipo de "chistes", porque si lo hacemos corremos el riesgo de ser doblemente ridiculizadas; nuestra reacción se considera exagerada, porque "no es para tanto", los chistes son para que todo mundo se ría. Desafortunadamente, las bromas no quedan ahí, sino que naturalizan y justifican la agresión a comunidades históricamente violentadas. A través de estas bromas es que se puede escalar fácilmente la violencia, pues desde el comienzo se desprecia la humanidad del "otro".

---

[45] **Adilson Moreira en Brasil y Raúl Pérez en Estados Unidos han analizado la función del humor en sus contextos nacionales de manera brillante, desafortunadamente aún no han sido traducidos sus textos al español.**

El hecho de que estos chistes y estereotipos sean creados y reproducidos por los medios masivos de comunicación es una expresión de las estructuras de poder que se pretenden reforzar. Quien tiene el poder decide qué grupos de personas serán objeto de burla, al distribuirse de manera extendida estos chistes es posible reproducirlos a pequeña escala. En otras palabras, aprendemos de los medios y replicamos esta violencia hacia las personas a nuestro alrededor o incluso hacia nuestras propias identidades.

El humor es una herramienta poderosa de crítica o de refuerzo de dinámicas sociales existentes. Todo depende del lugar desde el que se enuncian las bromas y hacia dónde van dirigidas; no es lo mismo dirigir el humor "hacia arriba" que "hacia abajo". Cuando una persona hace un chiste que está basado en los prejuicios y estereotipos negativos acerca de una comunidad que es estructuralmente oprimida, está reforzando dichas ideas, además de crear un sentimiento de solidaridad con otras personas que sienten desprecio por la persona o comunidad de la que se burlan. Debido a la forma en la que se estructuran las identidades y el poder en las sociedades occidentales, buena parte de la creación de identidades no está basada únicamente en el orgullo de la pertenencia a una categoría jerárquica superior, sino en el desprecio constante de las categorías inferiores. Es decir, el orgullo en torno a la blanquitud no se construye únicamente con base en el pensar "¡cómo me gusta ser una persona blanca!" sino en pensar "qué bueno que no soy indígena, negro...". De la misma manera, el pensamiento machista no solo se basa en el orgullo de ser un hombre, sino fundamentalmente en el rechazo a ser mujer o de tener características "femeninas". Cuando observamos con detenimiento la naturaleza de las bromas que se dirigen "hacia abajo", es evidente que esta dinámica se repite con frecuencia. Se enseña y anima a las personas que pertenecen a una categoría social con privilegio a reforzar su sentimiento de pertenencia a través de la humillación de quienes son considerados inferiores, creando otra razón para que las personas privilegiadas busquen preservar los sistemas de opresión y las categorías jerárquicas que inventan. Si se eliminan estos dos elementos, ¿cómo saben quiénes son?

Lo que Raúl Pérez[46] y Adilson Moreira[47] analizan en Estados Unidos y Brasil respectivamente es la manera en la que se utiliza el humor para agredir a personas de comunidades históricamente oprimidas, particularmente de manera racista. Los autores describieron la dinámica a través de la cual el racismo se utiliza como "pegamento social", creando un sentimiento de solidaridad y compañerismo entre quien hace la broma y quien se ríe de ella a costa de la humillación de un tercero. Esta dinámica no es exclusiva de las personas que pertenecen a una categoría social privilegiada; hay quienes permiten ser el objeto de estas bromas sin resistencia para demostrar que "sí aguantan", en un esfuerzo por obtener las ventajas que les da la proximidad al grupo privilegiado, o tratar de ser considerados como parte de él. Raúl Pérez, en particular, propone el "desprecio racial entretenido" como la

---

[46] Pérez, Raúl. 2022. *The Souls of White Jokes. How Racist Humor Fuels White Supremacy*. Redwood City: Stanford University Press, 232 pp.

[47] Moreira, Adilson. 2019. *Racismo recreativo*. São Paulo: Pólen Livros, 232 pp.

perspectiva a través de la cual podemos entender los usos del humor en una sociedad racista; las bromas racistas son una expresión de las estructuras de raza y racismo de la sociedad, gracias a estos chistes es que se sostienen y se replican estas ideas, así como la violencia que provocan. No solo existe el racismo porque las personas blancas extraen riqueza a partir de este sistema, sino que reafirman su propia identidad y sienten placer al burlarse de "otros" miembros de la sociedad.

Se utiliza el humor para medir las posibilidades de una interacción social, particularmente de qué tanto se puede agredir a una persona en público sin que la persona agresora sea mirada con desaprobación. Se hace una broma racista, por ejemplo, y si tiene una recepción positiva por parte de les interlocutores, la persona que hace la broma puede incrementar las dimensiones de la violencia hacia la comunidad de la que se está burlando. Si recibe una respuesta negativa puede afirmar fácilmente que "solo es un juego", que no tiene por qué tomarselo en serio.

Gracias a múltiples movimientos a favor de los derechos de comunidades históricamente violentadas (como los pueblos negros e indígenas, LGBTQ+, las mujeres, etcétera), existe una menor tolerancia en público a los comentarios explícitamente agresivos hacia dichos grupos. Lo que hoy conocemos como "corrección política" se deriva de los resultados de estas luchas, a pesar de la resistencia de los grupos dominantes de la sociedad.

Sin embargo, esto no significa que las agresiones hayan desaparecido, sino que se adaptaron los comentarios para transmitir el mismo mensaje de manera menos evidente. Actualmente, los memes son uno de los formatos en los que persisten las agresiones con el argumento de ser "solo chistes", pues son un medio que permite hacer bromas sobre cualquier tema. Algunas de estas imágenes adquieren un significado simbólico que solo otras personas al interior de un grupo social pueden entender, y se utilizan para incitar la burla y el desprecio.

Ejemplo de estos símbolos es el meme de "Shrek buchón", que surgió durante la pandemia (los memes más antiguos que hallé al respecto datan de 2020). Se trata de Shrek con pantalones entubados, una barba y ropa de marcas de lujo (presumiblemente piratas). Suele estar acompañado de su familia, vestida de la misma manera, Fiona tiene cabello rubio o rubio con las raíces oscuras. La familia es mostrada en una plaza comercial o afuera de un negocio. El texto que acompaña la imagen suele tener faltas de ortografía insinuando que la familia es ignorante y no sabe "escribir bien". Estas bromas están dirigidas hacia familias de bajos ingresos, que tienen deudas y que no tienen "buen gusto". El trasfondo de estos memes es el racismo y el clasismo; se utilizan a estos personajes de Shrek porque son ogros, es decir, unos seres monstruosos y enormes, dignos de desprecio. Además, el término "buchón" tiene varios significados en la sociedad mexicana contemporánea. Se trata de una categoría aspiracional, pues se necesita mucho dinero para lograr la imagen del buchón/buchona, pero también son objeto de burla las personas que intentan aparentar tener muchos bienes materiales pero que no tienen "buen gusto". De esta manera podemos ver cómo se transformaron los memes de "nacos" en los memes de Shrek, lo que los hace más difíciles de identificar como agresiones racistas. Los ogros tienen la piel verde, no existen. ¿Cómo se trata de racismo si son chistes sobre seres fantásticos? Es aquí donde debemos hacer uso del pensamiento crítico para analizar los símbolos y leer entre líneas. Finalmente se trata de otra forma de burlarse de personas racializadas y empobrecidas, pero de forma indirecta. La burla reside en la deshumanización de estas comunidades y la comparación que se hace de estas personas con monstruos.

Los memes contienen un poderoso componente adicional: la posibilidad del anonimato. Hacer bromas racistas directamente requiere que la persona que las diga se arriesgue a ser juzgada de forma negativa si sus interlocutores no concuerdan con sus ideas; mientras que cualquiera puede crear y publicar un meme sin revelar su identidad. Esta promesa de impunidad crea una capacidad inmensa de malicia, en la que las personas racializadas se convierten en el objetivo de todo tipo de agresiones racistas, multiplicadas por la posibilidad de contratar bots que acosen sin cesar a las cuentas elegidas.

En México, existe una gran variedad de representaciones que refuerzan ideas racistas en los medios de comunicación. Podríamos pensar fácilmente que ese tipo de caricaturas racistas solo existieron en el pasado, que en el siglo XXI ya se dejó atrás ese tipo de representaciones. Desafortunadamente estos estereotipos siguen existiendo, transformándose y adaptándose a la era en la que vivimos. Por ello, es importante recordar que, aunque las representaciones racistas no siempre sean las mismas del pasado, esto no significa que sean menos dañinas, ni que debamos ignorarlas porque sean menos explícitas. Exploraremos algunas expresiones de personajes y estereotipos racistas comunes en los medios y su efecto en la actualidad.

Estereotipos de pueblos indígenas

Existe una gran variedad de estereotipos racistas sobre la población indígena en México, empezando por el término "naco" que se utiliza de manera generalizada para insultar. Al preguntar en redes sociales acerca de los estereotipos racistas en los medios que hacen alusión a los pueblos originarios, muchas mujeres indígenas me respondieron que alguna vez las llamaron "India María"; incluso llegaron a dejarles este apodo en lugar de llamarles por su nombre. María Elena Velasco Fragoso, la actriz que interpretaba a este personaje, participó en algunas películas desde la década de los sesenta y se convirtió en una figura representativa del cine mexicano en la segunda mitad del siglo XX y principios del siglo XXI. El personaje que interpretaba era de una mujer indígena. Como espectadores no sabemos exactamente a qué etnia pertenece, pero se insinúa que es mazahua. Empezando por el nombre del personaje, se afirma su propósito para la audiencia: "la India María". Lo más importante que debemos saber acerca de ella es que es "india", se crea entonces un estereotipo de cómo son las personas indígenas en México; cómo hablan, cómo visten, sus costumbres. Pero la principal característica de la India María es su inmensa ingenuidad e inocencia, que son la razón por la cual se mete en problemas constantemente. Estas características son motivos de burla; la entonación y el vocabulario del personaje son exagerados, haciéndonos entender que esta posiblemente no es la lengua materna de María: no "habla bien". Tiene buenas intenciones, pero comete errores frecuentes porque no entiende lo que dicen las personas que la rodean, responde con atrevimiento, aunque está hablando de algo distinto que sus interlocutores. Es "igualada", este gran término clasista que se refiere a quienes no actúan de acuerdo con su lugar inferior en la jerarquía de clase. Como resultado tenemos a un personaje que facilita una mirada paternalista a las personas indígenas, sobre todo a las mujeres. "Pobrecita, no sabe, es muy rural, es muy distinta como para saber cómo es el mundo real". Estos estereotipos no son nuevos, pues desde la colonia existía el arquetipo del "buen salvaje"; los indios del Nuevo Mundo que, aunque tenían formas de ser atrasadas y extrañas, podían ser salvados si eran guiados apropiadamente por un líder europeo. La función del personaje de la India María, en un proyecto racial como el mexicano, es recordarnos el "atraso" de los pueblos originarios y la necesidad de incorporarlos a la sociedad occidental para que podamos progresar como país. De manera más concreta, estos estereotipos contribuyen al racismo, la misoginia y el clasismo (por nombrar algunas formas de violencia) que viven diariamente las mujeres indígenas. Son referentes que buscan silenciarlas, ridiculizarlas si hablan una lengua distinta al castellano e impedirles el paso a cualquier participación en el espacio público, pues se crean referentes que buscan humillarlas a ellas en particular. Aunque la India María hiciera buenas acciones en las películas que protagonizó es fundamental revisar el contexto en el que se creó y existió el personaje. Las películas que filmó eran comedias y buena parte de las bromas fueron hechas para invitar a la audiencia a reírse DE la India María, no CON ella.

Representaciones y estereotipos racistas en los medios

Aunque la actriz que caracterizó a la India María falleció hace varios años, otros comediantes siguen utilizando personajes basados en estereotipos racistas de las personas indígenas. Tal es el caso de "la India Yuridia" o "el Indio Brayan", que tienen millones de vistas en YouTube y otras redes sociales. Si bien estos personajes no aluden constantemente a su identidad "india" en sus puestas en escena, la clave para entender la naturaleza racista de estas representaciones es lo que buscan comunicar. Es decir, ¿por qué es necesario utilizar la identidad de "indio" para hacer las bromas?

Cuando nos detenemos a revisar los chistes que hacen, suelen basarse en el desconocimiento que tiene el personaje de las normas y prácticas sociales de la clase media/media-alta, es decir, con las personas mestizas y blancas. El humor está basado en que son "de pueblo", que no saben cómo se hacen las cosas en la ciudad, que intentan llevar a cabo prácticas "modernas" (como la depilación) pero fallan estrepitosamente. En este sentido, es fundamental para el éxito de la broma que la persona que la enuncia sea extraña a las dinámicas urbanas/blancas/mestizas y de clase media/media-alta. Por ello es por lo que persisten los personajes "indios"; siguen siendo un estereotipo útil para contrastar la modernidad de la ciudad con el supuesto atraso de las zonas rurales. Estas regiones están asociadas de manera intrínseca con la identidad indígena; en el imaginario mestizo es imposible pensar en las personas indígenas fuera de estos territorios o como individuos que habitan las ciudades de manera competente. Aunque los comediantes no pretendan hacer daño o no hagan estas bromas con el objetivo de humillar a las personas indígenas, el éxito de sus chistes depende de la existencia de ideas racistas sobre los pueblos originarios.

En contraste, cuando cineastas indígenas tienen la oportunidad de contar sus propias historias, tenemos una perspectiva mucho más cercana a la realidad; ejemplo de ello es la obra de la directora Ángeles Cruz, una cineasta mixteca contemporánea que ofrece narrativas complejas sobre las experiencias de las mujeres indígenas en el presente. Recomiendo su película *Nudo mixteco*.

Estereotipos de pueblos afrodescendientes

En el caso de los pueblos afrodescendienes o afromexicanos ocurre la misma creación de estereotipos negativos para elevar otras categorías raciales y para sostener el mito del mestizaje en México. Existe una gran variedad de estereotipos acerca de las personas negras y todos sirven a un propósito en la creación de ideas negativas sobre esta comunidad.

Uno de los recursos más frecuentes utilizados para crear estereotipos y representaciones racistas hacia las personas negras es el uso del *blackface* (término en inglés que literalmente significa "cara negra"). Con esto me refiero a la práctica ampliamente extendida en el cine, el teatro y la televisión en la que actores utilizan pintura para oscurecer su piel, pelucas afro e incluso prótesis para exagerar sus rasgos al interpretar a personajes negros. Dichos personajes suelen ser unidimensionales, tanto así que se crearon categorías para referirse a cada estereotipo racial.

• Representaciones y estereotipos racistas en los medios •

Aunque se popularizó el uso del concepto *blackface* para hablar de este tipo de representaciones en Estados Unidos, dicha práctica tiene una amplia historia y popularidad en México. Que no haya una palabra para referirse al *blackface* en México tiene más que ver con la negación del racismo en este país que con la ausencia de personajes racistas. La práctica del *blackface* perpetúa la violencia racista por varios motivos; en primer lugar, la caracterización es una burla explícita a los cuerpos de las personas negras, exagerando algunos rasgos de sus cuerpos (la nariz, los labios, y en el caso de las mujeres, los senos y las nalgas) con la intención de humillar a quienes tienen estos cuerpos. Estos personajes refuerzan las ideas negativas que el racismo creó sobre las personas negras, que son tontas, flojas, sexualmente insaciables o que les gusta trabajar como servidumbre.

Uno de los personajes más populares de este tipo en México era "el Negro Tomás", un personaje representado por Héctor Suárez en el programa *¿Qué nos pasa?* transmitido entre 1986 y 1987. Se trataba de un niño negro cubano que por lo general aparecía en escena con su tía (también en *blackface* y en ocasiones interpretada por hombres), a la que le contaba adivinanzas de doble sentido. Suárez y los actores con los que compartía escena usaban pelucas de cabello afro, se oscurecían la piel con maquillaje y utilizaban prótesis que exageraban el tamaño de sus labios y nariz. Tomás caminaba y se rascaba la cabeza como un simio, hablaba con acento caribeño y parecía desconocer la connotación sexual de sus adivinanzas. Al final de cada escena la tía lo regañaba y lo golpeaba, pero se disculpaba con el niño por tener una "mente cochambrosa de negra", puesto que las respuestas de las adivinanzas resultaban ser inocentes, sin alusión sexual alguna. Muchos de los *sketches* utilizaban canciones de Celia Cruz como parte de la ambientación y ocurrían en chozas o a la orilla de la playa. De esta manera se fue tejiendo una asociación a nivel colectivo entre todo lo que proviene del Caribe con lo negro; no basta la caracterización directa a través del uso de pelucas, pintura y prótesis, pues se refuerza el origen étnico de las personas negras utilizando acentos, escenarios y prácticas culturales caribeñas.

En el contexto del discurso de mestizaje mexicano, asociar lo negro con el Caribe fomenta la idea de que, por una parte, no existen personas negras en México (deben ser caribeñas) y, por otra parte, niega la cultura caribeña de México precisamente por estar asociada con lo negro. Los medios muestran al Caribe como un territorio de selva o playa en el que reina el caos y la violencia. El calor hace que la población (de mayoría negra) sea poco trabajadora, hipersexual y ladrona; "salvajes" que no saben cómo aprovechar al máximo los recursos naturales abundantes que los rodean. Por ende, les corresponde a personas capaces (es decir, blancas) tomar el liderazgo para hacer "productivos" a estos lugares. No obstante, esta no es una tarea fácil, les rodean tentaciones de todo tipo y deben prevenirse de los peligros que suponen la flora y fauna (incluyendo a las personas) de la selva. Por ello, cuando se crean personajes de comedia en el teatro y en la pantalla, se está creando una idea de todo aquello que los espectadores NO querrán ser. No quieres pertenecer a la selva porque la gente de la selva es tonta, es negra,

• **Representaciones y estereotipos racistas en los medios** •

es salvaje, es floja. Asimismo, se ofrece un contraste: los personajes blancos son la voz de la razón, trabajadores, inteligentes, atractivos. Para crear un discurso racial que busque el blanqueamiento no solo se deben crear imágenes positivas "aspiracionales" de lo blanco, sino también estereotipos que se burlen (es decir, que desprecien) todo lo que tiene que ver con lo negro. Cuando políticos como Gabriel Quadri afirman que "Si México no tuviera que cargar con Guerrero, Oaxaca y Chiapas, sería un país de desarrollo medio y potencia emergente",[48] están partiendo de las lógicas creadas por décadas de representaciones racistas de las personas negras e indígenas. Los estados mencionados son de mayoría indígena o afromexicana, el discurso de Quadri reitera siglos de racismo que pretenden justificar la inferioridad innata de los pueblos originarios de este país.

Este estereotipo también se encuentra presente en la historieta *Memín Pinguín*, escrita por Yolanda Vargas Dulché. Aunque no ahondaré en el personaje principal, me gustaría enfatizar a Eufrosina, la mamá de Memín en esta historia. Ella encarna un estereotipo que se conoce como *Mammy* en Estados Unidos, y aunque no tiene un nombre en español, es una figura que se utilizó de manera reiterada en los medios mexicanos. Se trata de mujeres negras que son empleadas domésticas, por lo general en casas de familias blancas adineradas, a las que adoran y cuidan meticulosamente. Físicamente las *Mammy* son caracterizadas con rasgos similares: tienen piel oscura,

---

[48] Quadri, Gabriel (@g_quadri). 2019, 11 de enero. "Si México no tuviera que cargar con Guerrero, Oaxaca y Chiapas, sería un país de desarrollo medio y potencia emergente…". https://x.com/g_quadri/status/1083910552177512449

son gordas y tienen un pañuelo atado a la cabeza que les cubre el cabello por completo. En contraste con algunos estereotipos hipersexualizados de las mujeres negras, en el caso de la *Mammy* ocurre todo lo contrario, rara vez se muestran sus deseos e intereses personales más allá de las personas blancas a las que cuidan. Son como unas santas; lo sacrifican todo por los niños blancos a los que crían y están dispuestas a todo con tal de defenderlos. Sin embargo, suelen ser reacias con las personas de su propia comunidad, precisamente por la lealtad que profesan a las familias que las emplean. Eufrosina, la mamá de Memín, es lavandera y solemos verla trabajando en su casa. Su característica principal como madre es golpear a su hijo con una tabla con clavos cada que se porta mal. Los autores de la historieta nos expresan reiteradamente un desprecio al cuerpo del personaje; Eufrosina misma afirma que es "gorda y fea" y Memín suele hacer bromas sobre las dimensiones del cuerpo de su madre. Se hace una asociación reiterada entre lo negro, lo gordo, lo feo y lo indeseable. Este es un ejemplo de la manera en la que se vincula el racismo antinegro con la gordofobia; pues se comunican mensajes claros acerca de los cuerpos atractivos y los que provocan rechazo. Se contraponen los cuerpos delgados, altos y blancos con los cuerpos negros, chaparros y gordos, con comentarios de los personajes que les dejan claro a lxs lectores qué tipo de cuerpo deben desear.

En esta historieta, ni Eufrosina ni Memín reaccionan ante los comentarios negativos que se hacen sobre ellos por el hecho de ser negros; en este sentido, la historieta va estableciendo una expectativa en torno al humor racial. Las bromas racistas se hacen sin reacción alguna por parte de cualquiera de los personajes, creando así una expectativa de la manera en la que debe ser interpretado el humor racista en el espacio público. Es decir, cuando este tipo de bromas se trasladan a interacciones interpersonales en el mundo real, existe una expectativa de la manera en la que deben reaccionar las personas agredidas. Como los personajes de la historieta no se toman a mal las bromas, entonces las personas en la vida real tampoco deben hacerlo porque se trata de un juego inocente. Este es un ejemplo claro de las dinámicas explicadas por Adilson Moreira y Raúl Pérez en torno al uso del humor como mecanismo de agresión racista de manera velada. En este contexto, cuando discutimos el humor y la naturaleza de las bromas que hacemos es necesario considerar cuáles fueron nuestros marcos de referencia. ¿De dónde aprendí mi sentido del humor? ¿De quiénes nos reímos y por qué?

También hallamos un ejemplo de la *Mammy* en la película *Angelitos negros* (1948), con el personaje llamado Mercé, interpretado por Rita Montaner, una mujer afrodescendiente a la que le oscurecieron la piel con maquillaje para este papel. Este estereotipo se repite en las películas y en la televisión mexicana; Lupe Suárez interpreta a Mamá Dolores en *El derecho de nacer* (1952), Socorro Avelar es María Dolores en la telenovela basada en dicha película, Julia Marichal es Corazón en la telenovela *Marimar*, una serie de personajes que retrata a las mujeres negras de piel oscura únicamente como trabajadoras domésticas, cuya vida gira alrededor de las personas blancas a las que cuidan. El propósito de este estereotipo también tiene un origen colonial; no solo normaliza la presencia de mujeres negras únicamente como trabajadoras domésticas (como si fuera la única posibilidad laboral para ellas), sino que las muestra felizmente cuidando a las personas blancas que las emplean. Al mostrarlas desviviéndose por estas familias, nos transmiten la idea de que ellas están ahí porque quieren y no porque carezcan de alternativas para vivir. Incluso, se entristecen si son alejadas de estas familias, por ende, el estereotipo cumple la función de liberar de culpa a las personas blancas adineradas. No tienen ni que pensar en la posibilidad de estar explotando laboralmente a estas mujeres, pues son "casi como de la familia". No importan las vidas personales de ellas, ni lo que ocurra fuera del hogar en el que trabajan, porque su propósito es ser únicamente un medio para sostener la vida cotidiana de sus empleadores.

Otro de los estereotipos que relacionan lo negro con lo caribeño es el de la "mulata", vista únicamente como objeto sexual. Uno de los primeros ejemplos de ello lo hallamos en *La negra angustias*; una novela escrita por Francisco González Rojas, publicada en México en 1944. Esta novela fue adaptada posteriormente al cine en 1950; dirigida por Matilde Landeta y protagonizada por María Elena Marqués. El personaje principal es Angustias, una mujer "mulata" que está buscando su supervivencia durante la Revolución. Aunque Angustias tiene gran determinación e incluso se opone exitosamente a un intento de agresión sexual, finalmente se vuelve mujer de un hombre blanco educado que la maltrata; además la utiliza para mantenerse económicamente. En la novela, pareciera que su fortaleza y liderazgo fueron producto de las circunstancias extraordinarias provocadas por la Revolución, y solo le hacía falta encontrar al hombre (blanco) adecuado que supiera dominarla, pues en cuanto termina la Revolución se convierte en una esposa dócil, a pesar de contar con el rango de coronela. La película opta por un final distinto; el personaje de Manuel (el hombre del que se enamora Angustias) le dice que no pueden estar juntos porque "nuestro matrimonio sería considerado como una cruza absurda". Al escuchar la respuesta Angustias decide abandonarse a la muerte, pero recupera la compostura tras unos momentos y guía a sus tropas hacia un refugio. Quiero concentrarme principalmente en la novela para analizar la forma en la que es representada Angustias. A pesar de ser una representación poco común acerca de la fortaleza de las mujeres que lucharon durante la Revolución, dicho liderazgo finalmente queda opacado por la humillación que soporta a manos de un hombre blanco que sabe cómo "manejarla". Al terminar la narrativa, queda reducida a ser una amante escondida que se dedica únicamente a criar al hijo que tienen juntos. La historia sostiene la idea de que se trata de una unión vergonzosa que le es útil a Manuel únicamente para fines sexuales. En la película, María Elena Marqués, la actriz que interpreta a Angustias, utiliza el *blackface* para interpretar este papel. Aunque el personaje reivindique ocasionalmente la fuerza de la mujer negra en México, el hecho de representarla utilizando a una mujer blanca que se oscurece la piel con pintura recalca la deshumanización y exotización de las personas afromexicanas.

Otro ejemplo de "la mulata trágica" es el personaje de Zonga, también conocida como Rarotonga, protagonista de una serie de historietas, fotonovelas, películas e incluso una canción de Café Tacvba. Fue creada por Guillermo de la Parra y Constantino Rábago y formó parte de la serie "Lágrimas, Risas y Amor", que creó algunos de las representaciones racistas más reconocidas de la cultura popular mexicana (*Memín Pinguín*, *El pecado de Oyuki*, entre otros). Esta historia sigue a Zonga, una exótica seductora, hija de una mujer negra y un hombre blanco, que puede hablar muchas lenguas y las utiliza para seducir a todas las personas a su alrededor. En 1958 se adaptó al cine bajo el título *Zonga, el ángel diabólico*, dirigida por Juan Orol y protagonizada por su esposa María Esquivel. La protagonista es mostrada semidesnuda a lo largo de la película, haciendo bailes "exóticos", y seduce a todos los hombres con los que se encuentra, incluyendo a un hombre blanco que cae rendido ante ella apenas la mira. En la historieta, este personaje es retratado con piel morena clara, ojos verdes, un cuerpo escultural que utiliza muy poca ropa y lleva el cabello suelto en un afro. También es tratada como un objeto sexual, un medio para que los hombres puedan satisfacer sus deseos, pero nunca como un ser humano complejo con ideas propias. Desde su concepción se trató de un personaje en el cual se buscaban descargar los prejuicios de una sociedad racista sobre los cuerpos de las mujeres negras leídas como "mulatas". Durante su auge, se anunciaba la historieta con publicidad en la que Zonga decía "hazme tuya cada martes en el kiosko". Este doble sentido da cuenta de la sexualización consciente que se hacía del personaje. El anuncio tuvo tal impacto en los lectores que incluso la canción de Café Tacvba titulada *Zonga* incluye la frase. En este caso, es importante agregar la asociación que existe entre las mujeres negras, la hipersexualización y el territorio. La "mulata" es comparada con la selva y la costa, no solo porque se asocia a la población negra con estos territorios, sino porque en ambos casos se considera que son lugares exóticos, salvajes y fuera de control que deben ser dominados.

Por eso los personajes negros suelen tener acentos "costeños" o del Caribe, se les exotiza y fetichiza. Las mujeres negras son un territorio más a ser conquistado por los hombres blancos que sirven para satisfacer sus deseos sexuales, ser utilizadas y descartadas sin mayor problema. Igual que el territorio. Lo caribeño es entendido como algo externo a México (aunque también existen territorios mexicanos que pertenecen a esta región biocultural) y en él se proyectan toda clase de expectativas y juicios racistas. En la película de Orol, el personaje de Zonga es interpretado por María Esquivel, una actriz mexicana de origen cubano. Durante la película son mostrados supuestos rituales en los que Zonga pide ayuda a los orishas para seducir a quien desee. Hablar de orishas hace referencia a prácticas espirituales afrocaribeñas de origen yoruba, sin embargo, retratarlas en este contexto contribuye a la exotización de las personas afrocaribeñas y las religiones que practican.

Los estereotipos raciales de las mujeres negras "mulatas" fueron creados con un propósito específico. Durante la colonia, una gran cantidad de mujeres fueron agredidas sexualmente por los hombres blancos que las esclavizaban. Como resultado, nacieron muchos niños de ascendencia mixta ("mulatos"), por ende, los colonizadores crearon narrativas para liberarse de la culpa de sus acciones. Inventaron la idea de la mujer negra hipersexual e insaciable que los llevaba a la perdición; de esta manera, ellos mismos no eran culpables de las relaciones que llevaban con ellas, sino que eran seducidos. Esta misma narrativa permitía a sus esposas blancas justificar las infidelidades evidentes de sus esposos.

Actualmente persisten estos estereotipos, aunque se han adaptado a nuestros tiempos; algunas representaciones no son tan explícitas porque no quieren ser "políticamente incorrectas", por lo que el racismo suele ser más sutil, transmitido a través de símbolos o códigos en lugar de comunicarse de manera directa.

En el cine, teatro y el cabaret en México persisten personajes racistas bajo el argumento de que se trata de una sátira o una crítica. Sin embargo, las representaciones hacen evidente que no se trata más que de refritos de personajes populares en los medios desde principios del siglo xx que menosprecian lo negro. Ejemplo de ello es la obra de teatro *Lagunilla, mi barrio*, escrita y dirigida por Ariel Miramontes y Daniel Chávez. Existe un personaje en la obra llamada "la Jarocha", que a pesar de tener un acento de la Ciudad de México tiene una peluca afro o de cabello rizado, viste ropa reveladora con patrones de leopardo y es trabajadora sexual. Aunque no se hace explícito el hecho de que el personaje es una mujer negra, la peluca y el contexto en el cual es presentada siguen el patrón establecido por personajes como los que acabo de mencionar. En redes sociales circulan algunos fragmentos de la obra en los que se muestra a la Jarocha; su primera aparición en escena la muestra seduciendo a uno de los hombres del barrio antes de hacer una broma

Representaciones y estereotipos racistas en los medios

hacia el público con la que describe cuánto cobraría por sus servicios. En otro video se despide gritando: "¡Agárrenme porque me caigo!", a lo que dos de sus bailarines la agarran de las nalgas mientras se retira del escenario. Se trata de una representación que alude a los estereotipos de la mujer negra hipersexualizada, aunque no haga referencia explícita a ellos. Si la Jarocha hace reír al público no es porque tenga una propuesta humorística novedosa, sino precisamente porque alude a todas aquellas referencias de humor racial que existen sobre las mujeres negras desde el siglo pasado.

A finales de 2024, la actriz que interpretaba a este personaje fue reemplazada por Niurka Marcos, una vedette cubanomexicana. En este caso la imagen del personaje fue modificada drásticamente; se dejó atrás la peluca afro y la ropa ajustada con estampado de animales. En su lugar, la producción eligió un vestuario de rumbera que no había sido utilizado anteriormente para la interpretación de este personaje, posiblemente aludiendo a otros papeles que Marcos interpretó con caracterizaciones similares. Presumiblemente se cambió por completo la imagen de la Jarocha porque la actriz que la interpreta es de origen caribeño y es ampliamente conocida por su personalidad irreverente. No hizo falta utilizar vestuario o peluca para hacerla ver "exótica" porque el público ya la mira de esta forma.

Incluso en la vida cotidiana hallamos instancias de racismo que se normalizaron a tal grado que cualquier cuestionamiento en el espacio público causa gran resistencia. Los Nitos son unos panecitos rellenos de chocolate que tienen una cubierta del mismo sabor, producto de Bimbo desde 1957. Cuando fueron lanzados al mercado en 1957 llevaban el nombre de Negritos y la imagen del empaque era una ilustración de una persona negra con taparrabos, lanza y un hueso en el cabello. Una caricatura racista estándar de la época; la persona africana "salvaje". En internet aún se puede hallar un comercial animado de 1970 de los Negritos Bimbo; la caricatura de una persona negra de piel muy oscura, cuyos únicos rasgos que podemos dilucidar son sus enormes ojos y labios, estos últimos de un color rojo brillante. El personaje baila en la pantalla cantando al ritmo de una canción alusiva al son cubano, diciendo "soy un gordo delicioso" y "a todos mis amiguitos les encantan los negritos".[49] En 2013 Bimbo lanzó una encuesta a través de redes sociales invitando a sus seguidores a elegir el nuevo nombre de este producto; las opciones eran "Afro", "Funky", "Choco", "Rulos" y "Nito".[50] Finalmente se eligió el nombre "Nito", además, desde 2009 la imagen fue modificada y el "negrito" fue reemplazado por un niño blanco con un inmenso peinado afro. La compañía no hizo declaración respecto al motivo por el cual se modificó el nombre del panecillo; en las campañas publicitarias utilizaron el eslogan "un nombre corto con más onda".[51] Este dulce fue creado y vendido utilizando ideas racistas sobre las personas negras, principalmente por utilizar el color del chocolate para vincularlo con la piel oscura, usar

---

[49] Video disponible en https://www.facebook.com/canal10durango/videos/jueves-retro-con-este-recuerditolanzado-en-1957-negrito-de-bimbo-se-convirti%-C3%B3-en/1000394391766014/

[50] Redacción. 2013, 21 de noviembre. "Bimbo rebautizó al Negrito y los tuiteros no están felices", en *El Financiero*. https://www.elfinanciero.com.mx/archivo/bimbo-rebautizo-al-negrito-y-los-tuiteros-no-estan-felices/

[51] YouTube. 2021, 23 de mayo. "Comerciales de Nito Bimbo 1984 - Actualidad". https://www.youtube.com/watch?v=fRBma8MzOG4

esta asociación para dar nombre al producto y utilizar música afrocaribeña para reforzar la asociación y vender más panecillos. El cambio del nombre no puso fin a las ideas racistas que asocian el color de piel con la comida, sino que hicieron más sutil la conexión entre ambos elementos. La mayoría de las opciones propuestas para un nuevo nombre del producto aludían a las personas negras ("funky" por la música *funk*, creada por músicos afroestadounidenses, ni qué decir de "afro" y "rulos"), y aunque la imagen utilizara a una persona blanca, el hecho de que el afro permanezca es una parte fundamental de la relación entre el pan y la asociación racista con las personas negras. Hasta la fecha los comerciales de este producto muestran a las personas (blancas) que consumen los "nitos" con cabello afro y con música *funk* de fondo mientras bailan. De esta manera se relaciona de manera sutil lo negro gracias al género musical elegido, el cabello afro y la idea racista de que todas las personas negras tienen buen ritmo para bailar. Podríamos pensar que este tipo de críticas es superficial; "¿No hay temas más importantes que revisar cuando hablamos de racismo?". Sin embargo, hacer análisis y crítica sobre instancias tan cotidianas en las que se expresa el pensamiento racista son un paso importante que nos permitirá identificar este tipo de ideas y acciones en cualquier otro espacio en el que nos encontremos. Para enfrentarnos al racismo de manera informada es necesario hacernos conscientes de lo extendidas y normalizadas que son este tipo de prácticas, representando de manera negativa a diversas comunidades racializadas.

En contraste, cineastas como Ebony Bailey y André Lô Sánchez ofrecen cortometrajes documentales sobre la población afromexicana que cuestionan los estereotipos negativos creados sobre las personas negras en este país y redignifican la identidad afromexicana.

Estereotipos de comunidades asiáticas

También debemos tomar en cuenta el racismo hacia las personas asiáticas en México para comprender plenamente cómo se creó el mito del mestizaje en este territorio, pues los estereotipos de las personas asiáticas se repiten en los medios de comunicación con frecuencia.

Para hacer un análisis del uso del humor racista hacia las personas asiáticas es necesario partir del término *orientalismo*. Este concepto fue acuñado por Edward Said, un teórico palestino, para referirse a los estereotipos impuestos por la mirada occidental hacia las culturas asiáticas. A través de esta perspectiva, se entiende a Asia del Este como un espacio con costumbres "extrañas". Se crean generalizaciones de las personas "orientales", juzgándolas como inferiores en comparación con las personas "occidentales" (blancas). Estas narrativas nacieron en la academia occidental, y es a través de ella que se reiteran. Para la mirada orientalista "todo está al revés" en las culturas asiáticas, se les juzga por no adaptarse a los valores que la modernidad exige.

Las personas que narran, no importa cuál sea su medio, transmiten también su manera de ver y entender el mundo a través de sus palabras y descripciones. Por ello, las historias relatadas desde Occidente sobre el Oriente dicen mucho más de las personas y el contexto desde el

• Representaciones y estereotipos racistas en los medios •

que escriben que sobre las personas o culturas que pretenden retratar. Analizar los estereotipos presentes en los medios sobre las comunidades asiáticas nos permite comprender las narrativas que se impulsan desde espacios de poder sobre estos grupos y la manera en la que contribuyen al sistema racista.

Un personaje racista sobre las personas asiáticas es Tachidito, popularizado en la televisión mexicana y creado en 2002 por Toño Hurtado. Esta marioneta, que aparecía en la cobertura deportiva de TV Azteca, es de color amarillo, tiene dos rayas en lugar de ojos y supuestamente habla coreano. El humor del personaje reside en el hecho de que habla con un acento estereotípico y dice groserías en español, bajo el argumento que está hablando su lengua y el vocabulario suena similar a las groserías utilizadas por los mexicanos. El personaje nació porque Hurtado aprendió que la palabra coreana para "amigo" es "chingo" y para "los protagonistas" es "shin guon" (chingu y ju-ingong son las pronunciaciones correctas de acuerdo con el traductor de Google). A partir de esas palabras empezó a pensar en albures que pudieran utilizarse a partir de otras palabras que aprendió en coreano; otro ejemplo que utiliza es "annyeonghasseyo", que significa "hola" para decir "la ñonga soy yo".[52] Tachidito hizo su primera aparición en la cobertura de las Olimpiadas de Invierno de Salt Lake City en 2002, y posteriormente en el Mundial de Futbol de 2002 de Corea del Sur. Su principal atractivo en aquel momento, de acuerdo con Hurtado, era que "no

---

[52] YouTube. 2020, 5 de agosto. "Toño Hurtado - Entrevista con José Antonio Fernández". https://www.youtube.com/watch?v=Yakg32bQ0g0

se le entendía nada".[53] El comediante utiliza una serie de estereotipos racistas para burlarse de las personas asiáticas del Este; como usar un acento en el que los sonidos de R y L se intercambian y sonidos sin sentido para fingir que habla coreano. Su creador afirma en entrevistas que cuando creó a este personaje tenía una variedad de opciones de color de piel para las marionetas, que incluso había negros y que le parecía una pena que ya no se pudiera decir la palabra negro. En otra entrevista, Hurtado afirma estar orgulloso de Tachidito porque "no le falta el respeto a nadie", y que en comparación con otros personajes es bastante inofensivo.[54] Destaco ambos extractos de sus entrevistas para hacer énfasis en lo normalizado que se encuentra el racismo antiasiático en México, a tal grado que muchos comediantes no son conscientes de que sus personajes son representaciones estereotipadas y dañinas de las personas asiáticas. El propósito de los estereotipos raciales de los pueblos asiáticos es ofrecer un contraste con el Occidente; mostrando a Oriente como un espacio en el que existen prácticas atrasadas, extrañas e inferiores. Es por ello por lo que también persiste la idea racista de que todas las personas de Asia del Este son "chinas", confundiendo y mezclando la variedad de lenguas y culturas de la región porque se asume que son "lo mismo".

En el presente, las personas asiáticas y mexicanas de origen asiático aún se enfrentan a bromas y preguntas racistas. Sujin Kim, conocida en redes sociales como la

---

[53] *Idem.*

[54] **YouTube. 2020, 18 de septiembre. "T1:E10 Toño Hurtado Tachidito/La Maravillosa Historia del Deporte".** https://www.youtube.com/watch?v=Cl6rdqFAypc

Chingu Amiga, es una *influencer* que tiene más de 13 millones de suscriptores en YouTube y 28 millones en TikTok. Desde 2021 ha subido videos en los que responde a las preguntas que le han hecho sus seguidores sobre si los coreanos comen perros o no,[55] sin embargo, en 2023 un entrevistador le preguntó en una alfombra roja si los coreanos comen perros, si ella lo haría, y continúa haciendo bromas racistas insistiendo sobre el consumo de estos animales,[56] y en 2024 un *influencer* le hizo una broma similar pidiendo que le dieran "un taco de perro de Corea" a Kim.[57] Este humor es una manera de pretender humillar a la Chingu Amiga, juzgando lo que supuestamente consume y poniéndola en rídiculo en comparación con la comida mexicana.

Sobre los "whitexicans"

En 2018 fue creada una cuenta de X llamada "Los Whitexicans"; el término es una combinación de las palabras "blanco" y "mexicano" en inglés, por ende, refiriéndose a las personas mexicanas blancas. Se desconoce quién creó la palabra, sin embargo, fue cobrando popularidad, y en 2020 se hizo un tema de discusión extendido, pues el

---

[55] @chinguamiga. 2021, 1 de abril. https://www.tiktok.com/@chinguamiga/video/6946348137418214662

[56] Argueta, Omar López (@omararguetaofficial). 2023, 26 de agosto. "@chinguamiga nos dice que nunca comería perrito". https://www.tiktok.com/@omararguetaofficial/video/7271710642501963014?q=chingu%2520amiga%2520perros&t=1737074553853

[57] Omman, Alexis (@alexisomman). 2024, 25 de diciembre. "¡Si dan like podremos regalar aún más!". https://www.tiktok.com/@alexisomman/video/7452520595125800198

cineasta mexicano Michel Franco afirmó en una rueda de prensa que el término era "profundamente racista",[58] refiriéndose a quienes decían que su película nueva, titulada *Nuevo Orden*, era de gente "whitexican". Las cuentas de Instagram y de X de "Los Whitexicans" se burlaban de las personas blancas y ricas que tenían un desconocimiento absoluto de las dimensiones del privilegio económico, social y racial, o que hacían comentarios clasistas y racistas. Los memes publicados en las páginas hacían burla a las actitudes prepotentes de este tipo de personas, haciendo énfasis en el desconocimiento que tienen de la realidad de la mayor parte de la población en México. La creación del término "whitexican" se utiliza de manera contraria a los estereotipos revisados a lo largo de este capítulo. En lugar de reforzar la violencia racista y las jerarquías racistas, cuestiona a aquellas personas que históricamente fueron privilegiadas por estos mismos sistemas. Pone en evidencia la naturaleza absurda de la lógica racista; ¿estas son las personas que se consideran superiores?, ¿esta es su forma de pensar? En la era de las redes sociales, en las que las discusiones públicas sobre racismo y clasismo se hacen accesibles para una mayor cantidad de la población de México, el surgimiento de cuentas como "Los Whitexicans" nos plantea la posibilidad de reflexionar de manera crítica sobre las dinámicas racistas normalizadas en nuestro país, así como una opción para contribuir al desmantelamiento de las ideas racistas: el humor.

---

[58] **2020, 14 de octubre. "Cuando alguien dice 'whitexican' está siendo profundamente racista: Michel Franco**", en *El Financiero*. https://www.elfinanciero.com.mx/culturas/cuando-alguien-dice-whitexican-esta-siendo-profundamente-racista-michel-franco/

• **Representaciones y estereotipos racistas en los medios** •

Frecuentemente me encuentro con personas blancas para las que "whitexican" es una expresión de "racismo a la inversa". Como expliqué en el capítulo uno, esta no es una forma de opresión ni constituye una forma de violencia sistémica, por lo que es imposible pensarlo como violencia. Puede resultar desagradable o insultante, sin embargo, si comparamos el uso de esta palabra con los términos peyorativos para las personas negras, indígenas y asiáticas, las consecuencias que tiene el uso de estos insultos es muy distinto. Tal vez decirle "whitexican" pueda hacer sentir mal a alguien, sin embargo, esto no significa que a nivel institucional se le vaya a negar una oportunidad laboral, un salario digno, una vivienda o el acceso a servicios de salud. Por el contrario, sí se utilizaron las palabras "indio", "negro" o "chino" para discriminar y evitar que ciertas poblaciones puedan acceder a los espacios y oportunidades que acabo de enumerar. **La palabra "whitexican" no es una burla hacia las personas de piel blanca, sino a quienes utilizan la blanquitud como punto de partida para hacer juicios sobre las culturas, lenguas y formas de vida que difieren de las suyas y para agredir de manera racista y clasista a los demás.** Por ello, si alguna vez te llaman de esta manera, antes de recurrir a nociones como "racismo a la inversa", valdría la pena hacer un ejercicio de autoexamen —¿qué fue lo que dije?, ¿de qué manera actué?—. Y pensar en el humor como una oportunidad hacer crítica constructiva y cuestionar los sistemas de opresión en los que crecimos.

Orgullosamente "generación de cristal"

Uno de los comentarios que más se repiten en redes sociales cuando hablamos de la necesidad de ser críticos con el humor como herramienta de agresión es "uy, ya no aguantan nada los jóvenes, ya son generación de cristal que con cualquier cosa se rompe. Nombre, en mis tiempos sí aguantábamos que nos dijeran de todo y se podía bromear parejo". Revisemos con atención el trasfondo de este tipo de discursos.

En primer lugar, la sociedad racista, machista, clasista, capacitista y LGBTfóbica en la que vivimos nos enseña que existe un valor en el hecho de "aguantar vara", en poder soportar toda clase de vejaciones sobre nuestros cuerpos, mentes y espíritus. Si somos capaces de tolerar cualquier forma de violencia demostramos nuestro valor, tanto por la cantidad de trabajo que podemos realizar como la cantidad de violencia que podemos tolerar sin rompernos (aparentemente). Esta lógica es impulsada por una sociedad en la que es necesaria la explotación laboral para sostener un sistema económico capitalista; en un afán vacío por demostrar lo mucho que podemos hacer y aguantar, perdemos cuenta de lo profundas que son las heridas que acumulamos a lo largo de una vida. Nos enseñan a enorgullecernos de cargar con ellas sin ponerles mayor atención. Desde finales del siglo XIX en México ha habido un esfuerzo deliberado por parte de los gobernantes para crear un discurso sobre quién es la persona mexicana promedio, de la identidad racial compartida, del mestizaje y la historia colectiva de quienes somos ciudadanos de este país. Los medios se encargaron de reforzar estos discursos y era muy difícil cuestionar de manera extendida las ideas racistas porque no todo mundo tenía acceso a hablar en estos espacios de comunicación masiva. Como vimos a lo largo del presente capítulo, existió una infinidad de estereotipos y narrativas racistas que formaron en el imaginario colectivo una serie de prejuicios acerca de las personas negras, indígenas y asiáticas en este territorio. Por ende, no me interesa hacer un nuevo juicio que condene y excluya a quien aún tenga algunas de estas ideas, puesto que todos los ámbitos del espacio público enseñan y refuerzan el pensamiento racista. **Sin embargo, si nuestro objetivo es la liberación de los sistemas de opresión, uno de los primeros pasos debe ser dejar de lado el orgullo en la cantidad de violencia que se puede recibir y tolerar.** La teórica afrofeminista bell hooks afirmaba que no podemos empezar a sanar de las múltiples formas de violencia que vivimos (incluyendo la violencia racista) a menos que reconozcamos plenamente la extensión del daño. Es decir, si en el pasado una persona fue objeto de bromas racistas y no respondió porque no sabía cómo hacerlo, le pareció más sencillo guardar silencio o le agradó formar parte de una dinámica grupal, aunque se le hicieran burlas, esto no significa que no haya habido una agresión o que sean dinámicas que debamos fomentar y replicar. Cada quien se enfrenta con las violencias que vivió en las formas que mejor puede; pero afirmar que antes las personas "sí aguantaban" y que el humor no tenía un trasfondo agresivo supone negar las expresiones evidentes de sufrimiento psicológico que siempre causó el racismo. No me parece un insulto si me llaman "generación de cristal" precisamente porque mi objetivo es desmantelar los sistemas de opresión que quebraron a las generaciones que nos antecedieron. La violencia racista que vivieron mis papás, mis abuelos y la que yo misma conocí no se la deseo a las generaciones siguientes; por el contrario, deseo que sus vidas sean menos dolorosas y que tengan la oportunidad de florecer sin hallarnos en un estado de vigilancia constante, a la espera de las injusticias que nos puedan ocurrir solo por la racialización de nuestros cuerpos.

En una sociedad racista se crean múltiples formas de violencia; mientras que la primera es la acción misma de explotación y de deshumanización, el remate es la creación de narrativas que culpan a las personas por los abusos cometidos en su contra, así como los comentarios agresivos disfrazados de broma. Es fundamental hacer una revisión crítica de los estereotipos racistas que existen y persisten en nuestra sociedad porque son formas a través de las cuales se pretende justificar la opresión sistémica.

En los últimos años surgieron movimientos para denunciar estas representaciones racistas y reivindicar la importancia de que haya personas racializadas delante de la cámara, representando dignamente a los personajes elegidos. Sin embargo, no debemos enfocar nuestra atención únicamente en las personas que estarán retratadas en la pantalla; si no existe esa misma diversidad en el proceso de producción tendremos a los mismos personajes estereotipados y caricaturescos. No se trata únicamente de aparentar tener una mayor diversidad, sino llevar a cabo medidas concretas para que realmente exista.

Preguntas para continuar la discusión

La próxima vez que te encuentres con bromas o algún personaje cómico que creas que podría ser racista en el cine, la televisión o las redes sociales, plantea las siguientes preguntas:

¿De quién o quiénes se está burlando la persona que hace la broma?

¿Se trata de alguna comunidad históricamente violentada?

¿Se ríe con o del objeto de la broma?

¿Las bromas refuerzan estereotipos negativos sobre alguna comunidad racializada?

¿Las bromas están cuestionando las jerarquías raciales y sociales existentes?

¿A qué público va dirigida la broma? ¿Se ríen de alguien como ellos o de alguien que consideran diferente?

¿Está haciendo referencia a personajes racistas que ya existen en los medios en México?

¿La persona de la que se está haciendo la broma es partícipe en la dinámica?

Redes sociales e inteligencia artificial

¿Qué es la cancelación? ¿Funciona?

Gracias a las redes sociales, cada vez más personas pueden formar parte de las discusiones en torno al racismo; desde aprender algunos conceptos básicos, compartir lecturas o reflexiones hasta denunciar actos de discriminación en el espacio público. En el presente, buena parte de la población tiene acceso a *smartphones*, que permiten dejar registro de lo que nos ocurre; para bien o para mal. Ahora podemos grabar al guardia que nos sigue en la tienda, el maltrato arbitrario en un restaurante o cualquier otra situación de discriminación. Grabamos lo que ocurre, lo subimos a internet, y si tenemos suerte, se *viraliza* rápidamente. Miles (y a veces millones) de personas son testigas de nuestra experiencia; tienen la posibilidad de compartir la publicación, dejar comentarios y reaccionar. La experiencia personal se convierte en un tema de discusión pública; personas a las que nunca conocimos opinan sobre la credibilidad de lo que denunciamos, si estamos exagerando, o con comentarios de apoyo y solidaridad. En algunos casos, se reciben mensajes de odio que utilizan insultos racistas, clasistas, misóginos, etcétera, o amenazas de muerte. No obstante, este tipo de denuncias también abren la posibilidad de reconocer y discutir formas de violencia que ocurren de manera cotidiana a nuestro alrededor. Incluso, plantean un cuestionamiento a este tipo de acciones y en contadas ocasiones permiten pensar en cómo reparar el daño o al menos recibir una disculpa pública. A las denuncias que se hacen en redes sociales de un individuo, comunidad, institución o establecimiento a partir del testimonio de la persona agredida se les conoce como "cancelación"; se señala todo tipo de acciones violentas, desde actitudes discriminatorias hasta hechos que pueden constituir un crimen.

En sus orígenes, la "cancelación" tenía el propósito de señalar actividades negativas realizadas por celebridades o figuras públicas. Una consecuencia importante era el boicot que se hacía a la persona denunciada; dejar de seguirle en redes sociales, no consumir los productos que vendiera y no apoyar los proyectos en los que participara. La "cancelación" era una forma de organización social que permitía hacerles saber a grandes figuras públicas o instituciones que no estábamos de acuerdo con su forma de actuar. La gran diferencia entre este fenómeno y un boicot o protesta convencional es el hecho de que la "cancelación" suele ocurrir casi en su totalidad en internet. Tanto la documentación del hecho que suscita la denuncia original ("las pruebas" de lo ocurrido) como la divulgación de la denuncia se llevan a cabo en redes sociales; si se hace *viral*, puede llegar a ser retomado por algún periódico o blog de noticias y llegar a los medios tradicionales de comunicación. En contextos como el mexicano, en el que las denuncias hechas a través de los medios institucionales suelen tener una pobre o nula respuesta, internet permitió visibilizar múltiples formas de violencia que de otro modo no tendríamos manera de denunciar. Para poblaciones históricamente oprimidas, como las comunidades racializadas, las redes sociales presentan una oportunidad para hablar de las injusticias vividas. Sobre todo, cuando nos enfrentamos a grandes instituciones o personas con poder, sabemos que a nivel individual es difícil lograr llamar la atención sobre las agresiones que cometen, sin embargo, publicarlo en internet permite que muchas más personas conozcan, reaccionen y respondan al acto de violencia ocurrido. Ejemplo de lo anterior es la denuncia en redes de los *lords* y *ladies*. Como revisamos en el apartado de "Blanquitud" en el capítulo uno, se trata de personas con privilegio económico, social y racial que utilizaron su poder para romper leyes con total impunidad. Lo que les distingue es que además hacen un espectáculo público de su desprecio por las leyes que todas las demás personas tienen que seguir. Suelen insultar a quienes les rodean de manera racista y clasista, diciéndoles "asalariados", "nacos", "gatos", etcétera. Es por ello que los testigos graban estos desplantes con el propósito de exponer actitudes déspotas. Lo que suele ocurrir tras la publicación de este tipo de videos es la identificación de los protagonistas; se descubre rápidamente que son familiares de funcionarios públicos o empresarios exitosos, personas que perciben ingresos altos. Por ende, están acostumbrados a vivir con privilegios derivados de su situación económica, que, en un contexto como el mexicano, les permite evadir buena parte de las leyes y regulaciones que en teoría nos rigen. Quiero retomar el caso mencionado en el capítulo uno, las "ladies de Polanco". En el video en el que agredieron a agentes de la policía, increparon a quienes las estaban grabando, "y súbelo con López-Dóriga o Loret de Mola" (conductores de noticieros de Televisa en la época), para mostrar su desdén por la situación. Luego de cinco años de la *viralización* del video, una de las *ladies* fue invitada a un programa de Televisa para emitir una disculpa pública sobre los hechos, ya que afirmaba vivir *bullying* laboral y no poder continuar con su vida sin el lastre de lo ocurrido aquella noche.[59]

Año tras año se hacen *virales* situaciones similares: "Lady Profeco" (en 2013 la hija del director de la Procuraduría Federal del Consumidor, Profeco, mandó a cerrar un restaurante porque consideró que el servicio no era bueno),[60] "Lady 3 pesos" (en 2020 a una mujer no la dejaron pasar a una tienda con su hija debido a las restricciones a raíz de la pandemia de covid-19, por lo que esta amenazó e insultó al personal arguyendo que de seguro ganaban tres pesos y que mandaría a cerrar el establecimiento)[61]

---

[59] NMás. 2016, 2 de noviembre. "#LadyPolanco se disculpa - Chapultepec 18". https://www.youtube.com/watch?v=ecSL7v3GFpk

[60] Calderón, Verónica. 2013, 5 de mayo. "El caso de Lady Profeco aviva la polémica sobre el tráfico de influencias en México", en *El País*. https://elpais.com/internacional/2013/04/30/actualidad/1367349756_800117.html

[61] YouTube. 2020, 28 de agosto. "Lady 3 pesos: Insulta a los empleados por negarle el paso a autoservicio con menor". https://www.youtube.com/watch?v=RxJ3Ir8-6Eg

o "Lord cuchillo" (en 2022 el padre de un alcalde de la Ciudad de México amagó a un trabajador del Instituto de Verificación Administrativa, Invea, pues iban a cerrar su negocio porque los documentos del establecimiento no estaban en regla). Estos son algunos pocos ejemplos, sin embargo, se trata de un fenómeno ampliamente extendido en todo el país. Los *lords* y las *ladies* causan una respuesta de profunda ira y odio en redes sociales porque son un síntoma de la desigualdad sistémica, del profundo racismo y clasismo que rigen a la sociedad mexicana. Que en estos casos haya consecuencias negativas para quienes cometen actos arbitrarios y agresiones es la excepción a la norma. El haber sido castigados (sin importar la severidad) ocurrió únicamente gracias a que fueron grabados y que los videos se hicieron *virales* en internet. Esto hizo imposible que las instituciones ignoraran los hechos. Sin embargo, si los *lords* y las *ladies* se atrevieron a comportarse de tal forma en un principio es porque esperaban salirse con la suya, porque así ha sido siempre. Estas son las consecuencias materiales del racismo y el clasismo, la certeza de que las leyes y regulaciones son para las personas que son inferiores a ellas y ellos. Los insultos que utilizan con frecuencia son de índole clasista, precisamente porque es el primer privilegio que utilizan para evadir las leyes y normas en el espacio público. Existan o no insultos racistas explícitos en estos casos, el racismo es parte inherente de estas situaciones de violencia, pues enseñan que existen "categorías" de personas que son inherentemente inferiores o superiores y que se debe de actuar de acuerdo con el lugar que tienen dentro de esta jerarquía.

• ¡Quiero ser antirracista! •

En contraste con los videos en los que se exponen los berrinches del sector más privilegiado de la sociedad mexicana, también se subió a internet otro tipo de imágenes, en las que se hacen evidentes los atropellos a quienes viven las consecuencias dañinas del racismo y el clasismo. En marzo de 2021 se difundió un video en redes sociales que mostraba a una mujer tirada en el suelo bocabajo, siendo sometida por un par de policías. Aunque al inicio de la grabación se le puede escuchar pidiendo ayuda y moviéndose ligeramente, para el final pierde el conocimiento. Los policías la subieron a la patrulla, pero perdió la vida pocos instantes después. Estos hechos ocurrieron en Tulum, uno de los centros turísticos más importantes de este país; la víctima era una mujer de origen salvadoreño llamada Victoria Salazar. El video se extendió por todo el país e incluso a nivel internacional; la fiscalía estatal de Quintana Roo abrió una investigación, calificando el hecho como homicidio agravado e incluso el presidente de El Salvador, Nayib Bukele, hizo una declaración en la que pidió que se hiciera justicia y expresó su apoyo para la víctima y sus familiares.[62] Aunque se llevó a cabo una investigación, el asesinato de Victoria es una clara demostración de la violencia clasista y racista; la violencia utilizada fue desmedida, no había motivo que ameritara un uso de fuerza a este nivel. Si las personas a su alrededor no hubieran grabado lo ocurrido quizás ni siquiera se habría vuelto noticia, y tampoco se habría llevado a cabo una investigación. Este caso también es una excepción

---

[62] EFE. 2021, 28 de marzo. "Victoria, asesinada en Tulum, era madre de dos niñas. Migrante de 36 años. Tenía 'visa humanitaria'", en *SinEmbargo*. https://www.sinembargo.mx/3957265/victoria-asesinada-en-tulum-era-madre-de-dos-ninas-migrante-de-36-anos-tenia-visa-humanitaria/

a la norma; la violencia institucional se repite todos los días a lo largo del país y suele quedar impune. Si los policías actuaron de esa manera es porque así acostumbran a hacerlo; casos como el de Victoria Salazar ocurren todo el tiempo. Aquí, la diferencia fue la documentación del evento que permitió que se denunciara públicamente. Desafortunadamente no existen los medios para grabar y publicar todas las violencias cotidianas derivadas del racismo, por lo que la violencia institucional es una constante en nuestra sociedad.

Si existe una respuesta tan visceral de ira y odio ante los videos de los *lords* y las *ladies* es precisamente porque hacen evidente la inmensa desigualdad existente en México. Para la mayoría de las personas que vivimos en este país, comportarnos como esas personas lo hicieron, traería consecuencias radicalmente distintas; la mera sospecha de un comportamiento irregular nos convierte en el objetivo de actos de discriminación, agresiones físicas y podemos incluso perder la vida. La ira surge de la impotencia que provocan estos videos, que una persona está encima de la ley por su apellido, sus ingresos y su racialización. Por ende, me parece un despropósito sencillamente condenar las respuestas que surgen en internet sin comprender su contexto; son el síntoma de un malestar colectivo. No podremos cambiar estas reacciones si no consideramos primero qué es lo que nos indican de la sociedad en la que nos encontramos. **Si queremos evitar la diseminación del odio y la ira cuando se discuten estos fenómenos, es fundamental desmantelar los sistemas de opresión que permiten a ciertos individuos evadir las reglas que en teoría nos deben regir a todxs.**

La "cancelación" ha sido una de las únicas herramientas sociales que están a la disposición de la población que permiten denunciar un acto de injusticia, reconocer plenamente sus dimensiones y construir alguna posibilidad de reparación o retribución. Algunas de las personas poderosas que fueron expuestas en internet fueron destituidas de sus puestos de poder o se realiza un boicot a las actividades en las que participan. De alguna manera, fue un esfuerzo por enfrentarse a la desigualdad provocada por el racismo y el clasismo (entre otras formas de violencia sistémica).

Sin embargo, estos formatos de denuncia tampoco son los ideales, pues suelen traer consigo consecuencias contraproducentes. En primer lugar, las proporciones se salieron de control por completo. Aunque inicialmente se utilizaban para denunciar a figuras públicas, instituciones o personas con poder, en el presente llegamos a un punto en el que se suben denuncias que buscan "cancelar" por agravios menores o desacuerdos entre dos personas que podrían resolver directamente entre ellas. Lo que alguna vez fue una herramienta para denunciar violencia sistémica se tornó en un mecanismo para señalar cualquier comportamiento con el que no estemos de acuerdo. Son tantas las publicaciones que se hacen de esta manera que perdieron el carácter original de denuncia social y lo utilizamos como broma: "Ay, a ver si no me cancelan por esto que voy a decir". La línea de tiempo de una "cancelación" suele ser la misma en todos los casos; se expone a la persona en redes sociales, se hace *viral* la denuncia, la persona es repudiada pública y masivamente, pasan un par de días o semanas y los usuarios le olvidan por completo. Cuando revisamos los ejemplos de "cancelación" de los últimos diez años, realmente no podemos afirmar con certeza que sean métodos serios de transformación social; tal vez algunas personas hayan cambiado sus actitudes o su forma de ser, pero también hay otras que aprendieron a ser más discretas en su forma de actuar, que siguen pensando y actuando de la misma forma discriminatoria, pero tienen más cuidado en que no se les descubra. Aunque en el momento en el que se "cancela" a alguien quizás surja un breve sentimiento de victoria, a largo plazo utilizar la humillación pública para revertir el daño que hicieron o para crear una sociedad distinta no resulta eficiente.

En los últimos años, se reemplazó hasta cierto punto el uso del término "cancelación" por "funa". Estos conceptos tienen el mismo significado, sin embargo, la segunda palabra suele ser utilizada por las generaciones más jóvenes. Menciono la transformación del concepto para tener en cuenta que, aunque se utilizan otros términos, la dinámica persiste, sobre todo en el espacio virtual. En los últimos años las "funas" cobraron una naturaleza mucho más intensa; ya no basta con exponer a la persona que cometió la falta; se hace una investigación meticulosa de su información personal para publicar en redes. Su lugar de trabajo, de estudios, teléfono, domicilio e información de contacto de sus familiares son puestos a la disposición de cualquiera que se interese en tomar represalias (esta es una práctica tan extendida que tiene nombre, se conoce como "doxxing"). Este tipo de acciones son peligrosas porque crean un ambiente de temor y desconfianza, con la amenaza constante de una campaña de humillación pública y acoso constante. Para crear una sociedad antirracista no podemos utilizar las mismas tácticas que utilizaron los sistemas racistas desde hace cientos de años y esperar que los resultados sean distintos. Otro problema de la "cancelación/funa" es la naturaleza definitiva de las condenas que realiza. En otras palabras, cuando hacemos la denuncia en redes sociales, asumimos que esa persona no es capaz de cambiar. Le encasillamos en la imagen estática de "mala persona". Cambie o no, el hecho de permanecer en internet con esa imagen dificulta cualquier proceso de concientización. Algunas de las personas "canceladas" expresaron su angustia al vivir con un estigma tras su "cancelación". No pueden encontrar trabajo, reciben burlas de personas que no las conocen y afirman que pareciera que la sociedad no olvida lo ocurrido y no las dejan seguir con sus vidas. Aquí podemos señalar algunos matices; en efecto, todas las personas tienen derecho a reparar el daño que hicieron alguna vez, los errores son una parte normal de la experiencia humana y son lo que nos permite crecer. Para construir realidades distintas debe haber colaboración de las dos partes; tanto de quien cometió el acto de violencia como de la persona o comunidad violentada. Debe haber apertura de ambas partes para aprender de la experiencia y evitar que se repitan las acciones discriminatorias y violentas. Con esto no quiero caer en la lógica fácil de que les corresponde únicamente a las personas violentadas educar a quienes las violentaron, sino pensar en un esfuerzo sincero de las personas que violentan por entender y reparar el daño realizado. No hay un método único e infalible para crear este proceso de colaboración y aprendizaje, nos corresponde a todxs hallar las técnicas para crear espacios en los que es posible equivocarse y también reparar el daño. El boicot es una herramienta poderosa para crear cambios en los sistemas en los que vivimos; aquí, lo importante es identificar los momentos en los que estas acciones pueden ser de utilidad para las causas que estamos tratando de impulsar.

Destruir los pedestales

Hablamos de los usos de la cancelación, una dinámica que surgió de la poca eficencia que tienen las instituciones para asegurar que todas las personas seamos tratadas de manera igualitaria ante la sociedad. En este caso, vemos cómo la inmensa desigualdad a la hora de impartir justicia llevó a lxs usuarixs en internet a utilizar este espacio como un medio de denuncia. Sin embargo, como discutimos a lo largo del capítulo, estos métodos pueden causar más daño que justicia, por lo que es conveniente pensar en otras maneras de organizarnos para crear cambios a nivel sistémico. ¿Cuáles son las alternativas?

Aunque las sociedades individualistas nos formaron para pensar que los movimientos sociales deben tener "líderes" que actúen como dirigentes, es fundamental recordar la fuerza que reside en lo colectivo. Aunque pueden existir liderazgos dentro de los movimientos, este rol no es permanente ni una autoridad absoluta. El liderazgo es una oportunidad para que una persona haga propuestas concretas para crear una sociedad antirracista. No se trata de encargarle a una sola persona la responsabilidad de cambiar sistemas enteros sin que sintamos la necesidad de participar.

El problema de equiparar a individuos con las causas por las que luchan es que, cuando la persona cometa un error (de cualquier tipo), se desacredita todo el movimiento que representa. Es decir, si una persona antirracista comete un error, se dice: "¡Claro! ¡Por eso el antirracismo es una tontería! ¿Ya vieron lo que provoca?". Lo mismo ocurre con movimientos feministas, por los derechos de la comunidad LGBTQ+, anticapacitistas, etcétera. Por ello, parte de nuestro proceso de educación con una perspectiva antirracista es entender estas dos verdades simultáneas; una persona puede ser antirracista y también puede llegar a equivocarse. Por ejemplo, en una conversación puede utilizar una expresión común de su léxico, solo para darse cuenta de que es una frase con una connotación racista. **La diferencia entre una comunidad con un liderazgo saludable y una secta que exige obediencia ciega es la capacidad de reconocer los errores y hacer el esfuerzo por resarcir el daño.** Los movimientos por la justicia social son mucho más que las personas más visibles dentro de estos espacios, por ende, sus fallas personales no son necesariamente representaciones de las debilidades de todo el grupo.

Asimismo, poner a representantes de los movimientos por la justicia social sobre un pedestal también limita el potencial de quienes ejercen liderazgos, ¿cómo vamos a poder aprender y mejorar si nadie cuestiona nuestras ideas? Para crear espacios plenamente antirracistas debemos tener en cuenta las posibilidades de crecimiento que residen en la duda y en el diálogo. Por ello, reitero la importancia de desarrollar el pensamiento crítico como habilidad útil para todos los aspectos de nuestra vida. Podemos estar de acuerdo o no con las propuestas de líderes de movimientos antirracistas, feministas, etcétera, pero es importante comprender plenamente cuáles son sus ideas para poder dialogar con ellas. Nadie es infalible; así como se pueden proponer ideas que contribuyan a ciertos campos de conocimiento o impulsan una sociedad antirracista, siempre somos susceptibles a cometer algún error. Esto no significa que nuestros aportes no sean valiosos. Al mismo tiempo, si una persona en una posición de liderazgo abusa de su poder o del respeto que obtuvo gracias a sus aportes intelectuales o activismo, es válido e importante que se cuestionen y detengan sus prácticas abusivas. Solo porque seamos un ejemplo o una referencia en un ámbito de nuestras vidas no evita que podamos ser cuestionados en otras circunstancias.

La importancia de los matices: "sí, y también…"

Para separarnos de las formas de pensar rígidas y limitantes impuestas por la lógica supremacista blanca, una de las perspectivas más importantes que podemos incorporar en nuestra forma de pensar es la noción de los matices. Cuando dejamos de pensar en términos absolutos y reconocemos que varias cosas pueden ser verdad al mismo tiempo, podemos comprender plenamente cómo funcionan los sistemas de opresión que nos afectan. De la misma manera, podemos proponer múltiples aproximaciones para desmantelar estos mismos sistemas. Los matices nos permiten comprender, por ejemplo, que la experiencia humana es compleja y no tenemos las mismas experiencias, aunque pertenezcamos a una misma categoría social; no todas las mujeres tenemos las mismas vivencias, ni todas las personas racializadas, etcétera. Esto nos permite comprender nuestro propio lugar y participación en la sociedad; no somos totalmente oprimidxs ni somos totalmente opresores; nuestro privilegio depende del contexto en el que nos encontremos. De esta manera es mucho más fácil comprender que en algunas situaciones tendremos ventaja, mientras que en otras somos susceptibles a la discriminación. Para esto me gusta retomar una frase en inglés que alude al pensamiento matizado. Cuando hablamos de dos experiencias o ideas que podrían parecer contradictorias, la frase que nos puede ayudar a comprender su vinculación es "Sí, y también...", a manera de reconocer la validez de las dos experiencias. Por ejemplo, aunque todas las mujeres somos afectadas de manera negativa por el sexismo, otras categorías sociales también influyen en nuestra experiencia y pueden ser atenuantes o agravantes de la violencia vivida. Por ende, incluso dentro de la misma categoría de ser "mujer", podemos ejercer violencia entre nosotras haciendo uso de las demás categorías que nos atraviesan. No hay una forma única de "ser mujer", se trata de categorías que contienen una gran diversidad de expresiones y vivencias, por lo que, al hablar de los problemas de "las mujeres", debemos ser específicas porque no todas tenemos las mismas experiencias. Hablamos de este tema detenidamente en el capítulo tres, que aborda la interseccionalidad, pero

• Redes sociales e inteligencia artificial •

incorporar la noción de los matices en nuestra forma de pensar resulta útil para muchas otras áreas de nuestra vida que solo la justicia social. Un ejercicio de escucha activa abre la puerta para el diálogo; considerando las diferencias no como una amenaza a nuestra propia versión de la realidad, sino como una oportunidad para tejer puentes con quienes no tienen las mismas experiencias que nosotrxs. Supone utilizar las diferencias para enfrentarnos a las problemáticas que nos afectan a todxs, aunque de manera distinta. Aunque el racismo no afecta de la misma manera a las mujeres que a los hombres, que a las personas indígenas, que a las personas negras, dialogar e intercambiar nuestras experiencias de vida nos permite comprender cómo es que operan estos sistemas a gran escala, cómo se vinculan con otras formas de violencia y cuáles son las posibles formas de detenerlos.

 No es fácil plantear una forma de pensamiento que incorpore los matices. Como revisamos en el capítulo uno, el pensamiento racista nos inculcó una manera de pensar rígida en la que hay una forma única, correcta y absoluta de pensar y actuar, sin posibilidad para el diálogo ni el intercambio. Las redes sociales también funcionan bajo esta lógica y, como veremos más adelante, fueron creadas para imponer esta forma de pensar.

 Al impartir talleres me encontré frecuentemente con personas que desestiman la existencia del racismo porque afirman nunca haber experimentado la discriminación. Utilizan su experiencia de vida como única referencia para la realidad, es decir, si no me pasó a mí, entonces seguro es una mentira o una exageración. Esta es una de las maneras en las que se manifiesta la opresión en contraste con el privilegio; a veces este último no se manifiesta necesariamente a través de la percepción consciente de ventajas, sino en la capacidad de evadir ciertas formas de violencia o discriminación. En otras palabras, si nunca tienes que pensar en la categoría "raza" en la vida cotidiana, probablemente se deba a que esta no es una clasificación que afecte de manera negativa tu vida. Por ende, puedes elegir pensar en ello o no. En cambio, para la mayoría de las personas que no somos blancas, desde la infancia nos hicieron conscientes de la "raza" porque nos trataron mal con base en esa supuesta distinción. Aunque no es nuestra culpa desconocer la manera en la que funciona la discriminación sistémica a nuestro favor, si queremos ser antirracistas es nuestra responsabilidad informarnos a través de los recursos que tenemos a nuestra disposición. No se trata de exigirles a los demás que nos eduquen, sino de hacer un esfuerzo activo por leer, escuchar y aprender de los recursos que ya existen en internet. De esta manera podremos romper con las narrativas racistas que dominan nuestra sociedad y desmantelar estos sistemas de opresión. Incluso en las discusiones respecto a los matices y la posibilidad de que existan múltiples formas de percibir la realidad debemos incluir una aclaración. Aunque es importante escuchar otras voces, el límite se encuentra en las narrativas que refuerzan ideas discriminatorias hacia poblaciones históricamente violentadas o minorizadas. En otras palabras, los discursos que deshumanizan y criminalizan son la excepción al diálogo, pues refuerzan el pensamiento discriminatorio. Como revisamos en el capítulo quinto, repetir los discursos hegemónicos que deshumanizan es fácil. Lo que realmente requiere poner en práctica las habilidades de pensamiento crítico es cuestionar estos sistemas y la manera en la que naturalizan la discriminación y la opresión.

¿La tecnología es "objetiva"?

Desafortunadamente, no es fácil llevar a cabo conversaciones en las que se reconozcan los matices, particularmente en las redes sociales. Esto se debe al propósito con el que están hechas estas páginas de internet; finalmente son negocios y su meta principal es obtener ganancias. Por ende, aunque nos pueden servir para crear comunidad, leer noticias o sencillamente para compartir memes, el interés de los dueños de estas plataformas es obtener dinero. Las ganancias se obtienen principalmente a través de la publicación de comerciales; una compañía paga para que sus productos se anuncien a los usuarios, y entre más personas vean el comercial se hace más valioso (y se paga más dinero) el espacio en la plataforma. Además de los anuncios pagados, la mercadotecnia de boca en boca es el objetivo de muchas compañías; básicamente se refiere a la publicidad gratis que generan los consumidores cuando recomiendan el producto a terceros. Desde los TikToks que hablan de un labial que se hizo *viral* por tener una duración larguísima o una taquería que te recomienda tu tía en la comida familiar. Este tipo de mercadotecnia es valiosa por ser (o aparenta ser) natural; transmite la idea de que ni siquiera es necesario invertir en publicidad porque la calidad del producto habla por sí misma. Como las redes sociales son principalmente mercados en los que constantemente se anuncian, venden, compran y rechazan productos, para quienes están detrás de las compañías es conveniente fomentar sentimientos intensos y extremos que impulsen a lxs usuarixs a consumir constantemente. Esto es porque cuando tenemos emociones intensas solemos actuar de manera visceral, sin pensar detenidamente y con mirada crítica, y reaccionamos impulsivamente con lo primero que venga a la mente. Regresando al ejemplo del labial, seguro te encontrarás con videos con millones de *likes* y comentarios cuando el título dice: "¡Este es el mejor labial que he probado en toda mi vida!", en lugar de algo menos efusivo como "Probando el labial x de la marca y". Además, plataformas como TikTok son principalmente de contenido de formato corto; videos que duran entre uno y tres minutos, en los que podemos deslizar hacia el siguiente video en una fila interminable. Por ello, para obtener la atención de los usuarios es necesario utilizar títulos o afirmaciones iniciales que sean llamativos. El contenido que apela a los sentimientos viscerales tiene éxito precisamente porque retiene la atención de los espectadores, provoca reacciones inmediatas y aumenta la interacción de las publicaciones de manera desmedida. A su vez, esta interacción puede llegar a aumentar el tráfico en el perfil de quien publicó el contenido, creando una audiencia cautiva de seguidores que están atentos a la siguiente publicación, ya sea porque son admiradores o porque quieren dejar mensajes de ira y desagrado en el contenido de la persona que publica. Sin importar si las interacciones son positivas o negativas, el aumento en el tráfico de una publicación y un perfil son importantes porque un alto número de visitas indica

• Redes sociales e inteligencia artificial •

mayores ganancias para quienes publiquen un comercial en el perfil o en los videos mencionados. Poco importa si las reseñas de un producto son negativas o positivas, lo importante es que sea un tema de discusión y esté en la mente de los consumidores. Si los usuarios de las redes sociales tienen posibilidades de obtener ganancias a partir del número de vistas e interacciones del contenido que hagan, habrá personas ambiciosas dispuestas a hacer o decir lo que sea con tal de alimentar los algoritmos que sigan llevando tráfico hacia sus perfiles. Así es como nació, por ejemplo, el *trolling*, a principios de los años 2000. YouTube era una red social nueva en la que cualquier persona podía subir videos de lo que quisiera, algunos usuarios descubrieron que, si hacían videos hablando de temas absurdos fingiendo que eran reflexiones serias, podían monetizar sus perfiles y convertirlos en una fuente de trabajo. Por ejemplo, la *youtuber* estadounidense Trisha Paytas publicó un video en 2013 en el que se preguntaba si los perros tenían cerebro, que obtuvo más de 4 millones de vistas y casi 37000 comentarios.[63] No solo fue una práctica popularizada entre usuarios que querían vivir del contenido producido en línea, sino también de los portales de noticias y periodistas. Con la popularización de internet, cada vez menos personas recurrían a los medios tradicionales para obtener información; como sociedad optamos por consultar internet en lugar de comprar periódicos o sintonizar algún programa de televisión. Por ende, los medios tuvieron que adaptarse, volcando su atención y sus esfuerzos hacia las publicaciones para

---

[63] BIndsundoll4mj. 2013, 30 de septiembre. "Do Dogs Even Have Brains?". https://www.youtube.com/watch?v=08RFTI9QR20

redes sociales en lugar de medios impresos. Aunque en el siglo pasado era relativamente común que una persona estuviera suscrita a un periódico o revista, en el presente esta práctica desapareció casi por completo. Aunque los periódicos siempre consideraron la publicidad como parte de sus ingresos, con la era de internet aumentó desmesuradamente su importancia, ya que no se contaba con los mismos ingresos de suscriptores y por venta de ejemplares impresos. De esta manera, se crea una desesperación por atraer visitantes a las páginas y a los portales, pues de otra manera es muy difícil para un medio de este tipo subsistir. En respuesta se popularizó el *clickbait*, esta palabra en inglés hace referencia a los métodos amarillistas que utilizan los medios en internet para atraer a posibles lectores a sus páginas web. El término es una combinación de *click*, el sonido que hace el ratón cuando elige una opción, y *bait*, que significa "carnada", por lo que se trata de una carnada que busca que hagas clic en el enlace de una página en particular. Un estudio realizado entre 2015 y 2021 en Twitter/X se enfocó en investigar la relación entre el uso del *clickbait* y la interacción de los usuarios con los tuits.[64] Los resultados indican que existe una diferencia entre los medios que tenían una versión impresa y presencia pública antes de la popularización de internet, en contraste con los medios de existencia reciente, que nacieron en línea. Los segundos utilizaban el *clickbait* con mayor frecuencia e intensidad. Sin importar la

---

[64] Khawar, Salman y Boukes, Mark. 2024. "Analyzing Sensationalism in News on Twitter (X): Clickbait Journalism by Legacy vs. Online-Native Outlets and the Consequences for User Engagement", en *Digital Journalism*, septiembre, 1-21. doi:10.1080/21670811.2024.2394764. https://www.tandfonline.com/doi/full/10.1080/21670811.2024.2394764%23

frecuencia e intensidad, tanto los medios tradicionales como los nuevos que surgieron en internet utilizan esta práctica en un afán por obtener visitas para sus páginas. Desafortunadamente, el *clickbait* suele tergiversar la información en los titulares para atraer usuarios, y en una era en la que nuestra capacidad de concentración disminuye cada vez más, pocas personas realmente leen los artículos. A su vez, esto tiene como consecuencia la difusión de noticias falsas porque los titulares facilitaron una interpretación errónea de la información que pretendían compartir.

Otra forma poco ética de incrementar los ingresos en redes es el *ragebaiting* (el término se traduce como "carnada de ira" en español), que es similar al *clickbait*, pues también busca desencadenar emociones viscerales (en este caso, particularmente la ira) para atraer interacciones en perfiles y publicaciones. El *ragebaiting* busca provocar el enojo de usuarios en internet con todo tipo de contenido, desde compartir recetas absurdas que tienen el propósito de asquear a los espectadores hasta contenido político que utiliza la burla a los contrincantes para afirmar sus propios ideales.[65] Las compañías propietarias de las redes sociales más populares implementaron distintos programas de monetización para que los creadores de contenido puedan obtener ganancias a partir de sus publicaciones. Estos programas cambian constantemente, pues las políticas de cada compañía se adaptaron al contexto político estadounidense (pues la mayoría tienen

---

[65] Gruet, Sam y Lawton, Megan. 2024, 9 de diciembre. "What is rage baiting and why is it profitable?", en BBC News. https://www.bbc.com/news/articles/c4gp555xy5ro

su sede principal en este país), que ha visto un aumento en políticas de derecha.

En octubre de 2024,[66] Twitter/X anunció cambios en su propio sistema de monetización; en lugar de definir pagos con base en la cantidad de comerciales que vieran los usuarios premium (es decir, quienes pagan una suscripción en la plataforma) en las respuestas del tuit original, ahora los ingresos estarían definidos por la cantidad de interacciones de usuarios suscritos. De esta manera se fomenta el uso del *ragebaiting* y el contenido morboso o controversial. No importa si alguien te responde "¡bien hecho!", o "esto es una porquería" porque ambas respuestas contribuyen a los ingresos de lxs creadores.

Además de los intereses económicos que influyen en el funcionamiento de las redes sociales y los medios informativos, existe otro tipo de prejuicios que regulan la información presente en internet. Teóricas como Safiya Umoja Noble y Ruha Benjamin[67] llevaron a cabo investigaciones meticulosas que exploran la naturaleza racista y sexista de los motores de búsqueda más populares (como Google). Se popularizó la idea de que, al ser procesos llevados a cabo por computadoras, los resultados que arrojan son "objetivos" porque se trata de operaciones matemáticas o que son un reflejo de las búsquedas más populares hechas por los usuarios. Sin embargo, lo que halló Noble fue que el capital, la racialización y el género son factores que determinan condiciones desiguales para los usuarios

---

[66] Binder, Matt. 2024, 9 de octubre. "Elon Musk's X will no longer pay creators based on ads but on engagement" en Mashable. https://mashable.com/article/x-twitter-creator-revenue-program-x-premium-engagement-change

[67] Benjamin, Ruha. 2019. *Race After Technology, Abolitionist Tools for the New Jim Code*. Polity, pp. 172.

en internet, y que los algoritmos refuerzan relaciones sociales opresivas.[68] La autora introdujo las frases "niñas blancas", "niñas negras", "niñas asiáticas" y "niñas latinas" en un motor de búsqueda; mientras que la primera frase arrojaba páginas web inocentes, para todas las demás categorías los primeros resultados eran de pornografía. En otras palabras, se favorece este tipo de páginas porque existe una fetichización de las mujeres racializadas, expresada a través de la creación de pornografía de carácter racista en internet, que a su vez genera inmensas ganancias. Por ende, un prejuicio racista y sexista preexistente (las mujeres racializadas son "más calientes") se expresa en la priorización que hace el algoritmo del motor de búsqueda para arrojar resultados que confirmen este prejuicio y fomenten el consumo en torno a esta categoría. Lo que demuestran los hallazgos de académicas como Benjamin o Noble es que finalmente los algoritmos son programados por seres humanos. A menos que se haga esta labor con una perspectiva activamente antirracista, feminista, y en contra de los prejuicios derivados de los sistemas de opresión, lejos de ignorar estas formas de discriminación, la computadora las refuerza.

Con la popularización de la inteligencia artificial, este tipo de problemas solo va en aumento. La inteligencia artificial generativa se refiere a los programas de inteligencia artificial que utilizan datos (por lo general obtenidos de internet) para producir resultados aparentemente nuevos, ya sea texto, imágenes o audio. En primer lugar, este tipo de inteligencia artificial puede cuestionarse

---

[68] Umoja Noble, Safiya. 2018. *Algorithms of Oppression*. New York: NYU Press, p. 248.

desde un punto de vista ético, ya que la información utilizada para alimentar y enseñar a estos sistemas suele utilizarse sin el consentimiento de quienes produjeron la información original (ya sea libros, ilustraciones, música, etcétera). Hasta ahora, no existen regulaciones ni recursos legales que protejan los derechos de autor de los creadores originales del robo que hacen los sistemas de inteligencia artificial. Con la generación de música y libros que imitan el estilo de artistas existentes y que además se monetizan (una búsqueda somera en internet ofrece la posibilidad de comprar libros generados con inteligencia artificial), es evidente que este saqueo será difícil de detener y de reparar. Quienes tengan los recursos para contratar representación legal tendrán una posibilidad, por lo que será mucho más fácil robar las creaciones de personas que pertenecen a comunidades históricamente violentadas y que no tienen acceso a los recursos para combatir a grandes compañías trasnacionales.

Otro factor fundamental que debemos considerar es el hecho de que los bots de inteligencia artificial generativa (como ChatGPT) producen contenido plagado de prejuicios (como el racismo, la homofobia, etcétera) y refuerzan estereotipos negativos. Uno de los motivos tras estos sesgos es el hecho de que estos modelos suelen consumir todo tipo de información proveniente de internet sin ningún tipo de discernimiento. En otras palabras, considera con la misma seriedad un artículo académico que tiene trabajo de investigación de por medio, con páginas de teorías de la conspiración sobre la existencia de los reptilianos o los Illuminati. Una investigación publicada en 2024 se enfocó en la presencia de algunos sesgos de los 4 modelos más importantes: Gemini 1.5 pro (Google), Llama3 70 b (Meta), Claude 3 opus (Anthropic) y GPT-4o (OpenAI). Los resultados mostraron que a pesar de esfuerzos por lxs creadorxs de cada sistema por disminuir los sesgos, estos prejuicios siguen estando presentes en los resultados arrojados por sus modelos.[69] Por ejemplo, ChatGPT puede producir estereotipos negativos de género o racialización basado en el nombre del usuario.[70] Midjourney, una IA que produce imágenes, ponía animales como jirafas o elefantes como parte de la escena cuando se le pedía mostrar a doctores africanos.[71]

El desarrollo actual de la tecnología también creó formas nuevas de violencia basadas en sistemas de opresión preexistentes. La "pornografía vengativa" es otra forma novedosa en la que se publican de manera no consentida imágenes de índole sexual (por lo general, pero no únicamente de mujeres) con el propósito de humillar a la persona que está en las imágenes o videos. Con la popularización de la inteligencia artificial, este tipo de agresiones cobró nuevas dimensiones, pues ahora es posible crear imágenes y videos pornográficos a partir de

---

[69] Mirza, Vishal, Kulkarni, Rahul y Jadhav, Aakanksha. 2024. "Evaluating Gender, Racial and Age Biases in Large Language Models: A Comparative Analysis of Occupational and Crime Scenarios". https://arxiv.org/abs/2409.14583

[70] Douglas Heaven, Will. 2024, 15 de octubre. "OpenAI says ChatGPT treats us all the same (most of the time)", en *MIT Technology Review*. https://www.technologyreview.com/2024/10/15/1105558/openai-says-chatgpt-treats-us-all-the-same-most-of-the-time/

[71] Drahl, Carmen. 2023, 6 de octubre. "AI was asked to create images of Black African docs treating white kids. How'd it go?", en NPR. https://www.npr.org/sections/goatsandsoda/2023/10/06/1201840678/ai-was-asked-to-create-images-of-black-african-docs-treating-white-kids-howd-it-%23:~:text=Try%2520as%2520they%2520might%252C%2520the,elephants%2520next%2520to%2520Black%2520physicians

fotografías que no son sexuales. Estas herramientas se utilizan para reforzar la violencia de género, pues suelen ser utilizadas para humillar a niñas y a mujeres a través de la producción de imágenes sexualizadas sin consentimiento. Una mujer asiática llamada Melissa Heikkilä utilizó un modelo llamado Lensa para crear un retrato de sí misma.[72] Muchos de los resultados la mostraban semidesnuda o de manera sexualizada, con imágenes que aludían al anime o a los videojuegos. En contraste, las compañeras blancas de Heikkilä obtuvieron menos resultados sexualizados, mostrando la intersección del racismo y el sexismo en estos modelos. Esta práctica se popularizó a tal grado en los últimos años que muchos países reconocen legalmente esta forma de violencia y desarrollaron legislación para enfrentarla; en México la Ley Olimpia es uno de estos recursos, pues se trata de "un conjunto de reformas legislativas encaminadas a reconocer la violencia digital y sancionar los delitos que violen la intimidad sexual a través de medios digitales".[73] A pesar de la creación de estos recursos para enfrentarse a la violencia sexual en internet aún hay mucho trabajo por hacer. En 2024 un caso de este tipo llegó hasta los juzgados; un estudiante universitario llamado Diego "N" fue llevado a proceso por crear y vender imágenes pornográficas de sus compañeras utilizando IA, sin embargo, fue

---

[72] Heikkilä, Melissa. 2022, 12 de diciembre. "The Viral AI avatar app Lensa undressed me — without my consent", en *MIT Technology Review*. https://www.technologyreview.com/2022/12/12/1064751/the-viral-ai-avatar-app-lensa-undressed-me-without-my-consent/

[73] https://ordenjuridico.gob.mx/violenciagenero/LEY%20OLIMPIA.pdf

absuelto por "falta de pruebas" en diciembre del mismo año.[74]

La frase "inteligencia artificial" nos hace pensar en películas de ciencia ficción en la que las máquinas desarrollan incluso sus propias emociones; desde *Yo, robot* hasta *Ella* de Spike Jonze, los medios nos vendieron la idea de que estas tecnologías son la respuesta para el futuro; que muchos trabajos ya no existirán porque una máquina los podrá hacer y que incluso el arte ya no es una creación exclusiva de los seres humanos. Lo que no se difunde con el mismo entusiasmo es el hecho de que los modelos de inteligencia artificial actuales están lejos todavía de los robots maravillosos descritos en el cine y la literatura. Aunque la idea que nos venden las grandes compañías afirma que estos sistemas son prácticamente autónomos, la realidad es que requieren de una cantidad inmensa de mano de obra humana para aprender apropiadamente. Por mucho que mejoren los modelos de inteligencia artificial, siempre van a requerir a un ser humano que les explique y enseñe las cosas nuevas que deben reconocer. Esta práctica se conoce como *humans in the loop* (humanos en el cerco), y las grandes compañías que desarrollaron sus propios sistemas contratan a personas de manera individual para asistir a las IA en su proceso de aprendizaje. La mayoría de las personas que emplearon para estas tareas viven en Kenya, India, Venezuela y las Filipinas, y ganan salarios miserables (entre un dólar con cincuenta centavos y dos dólares por hora) sin prestaciones ni

---

[74] Rodríguez, Andrés. 2024, 4 de diciembre. "Absuelto el joven acusado de alterar con IA miles de fotos de alumnas del IPN para fines sexuales", en *El País*. https://elpais.com/mexico/2024-12-05/absuelto-el-joven-acusado-de-alterar-con-ia-miles-de-fotos-de-alumnas-del-ipn-para-fines-sexuales.html

estabilidad laboral.[75] Esta explotación laboral, facilitada por el *outsourcing* (que también se lleva a cabo en México), es un legado directo de las dinámicas racistas del pasado; no es casualidad que un país como Estados Unidos esté llevando a cabo estas acciones en territorios históricamente afectados por el colonialismo. En el caso de Kenya, uno de los trabajadores entrevistados afirmó que su salud mental se había visto afectada gravemente, pues su tarea era entrenar a la IA a reconocer y excluir pornografía, discursos de odio y violencia excesiva de las redes sociales. Su tarea era observar con detenimiento miles de videos y fotografías del peor contenido hallado en internet, sin ningún tipo de apoyo psicológico por parte de las empresas que le contrataron. Esta es una prueba del racismo que forma parte de la creación de los sistemas de inteligencia artificial actuales; se obtienen productos a partir de la explotación laboral y psicológica de personas racializadas (en este caso, particularmente las personas negras), descartando trabajadores cuando ya no les sirven y pagándoles una cantidad ínfima por su tiempo y esfuerzo. Además, estos modelos requieren una gran cantidad de energía para funcionar; ChatGPT requiere al menos medio litro de agua para una conversación de cincuenta preguntas.[76] Considerando que nos encontramos en medio de una crisis ambiental en la que la escasez de

---

[75] Lesley Stahl, Aliza Chasan, Shachar Bar-On y Jinsol Jung, "Kenyan workers with AI jobs thought they had tickets to the future until the grim reality set in", en CBS News, 27 de noviembre de 2024. https://www.cbsnews.com/news/ai-work-kenya-exploitation-60-minutes/

[76] Velasco, Lucía. 2023, 27 de junio. "ChatGPT necesita beberse medio litro de agua para tener una conversación: el conflicto de la tecnología azul", en *El País*. https://elpais.com/tecnologia/2023-06-27/chatgpt-necesita-beberse-medio-litro-de-agua-para-tener-una-conversacion-el-conflicto-de-la-tecnologia-azul.html

este recurso es cada vez mayor, cabe preguntarnos si es indispensable usar la IA para cualquier tarea minúscula que se nos ocurra.

Por último, uno de los grandes problemas con el uso actual de la inteligencia artificial es que, aunque se afirma que es la gran solución a muchos de nuestros problemas (¡te escribe el ensayo para la escuela! ¡Hace el reporte que necesitas entregar en tu trabajo!), depender de estos modelos para que hagan todo nuestro trabajo intelectual impide que desarrollemos las habilidades de pensamiento crítico. Aunque existen pocas investigaciones al respecto, los primeros indicios no son muy optimistas, pues hallaron un vínculo entre la dependencia excesiva de la inteligencia artificial con un fenómeno conocido como *cognitive offloading* (en español podría traducirse como "deshacer o liberarse cognitivamente"), que se refiere al uso de herramientas externas para reducir la carga cognitiva en la memoria de un individuo. Aunque esto puede ser de ayuda para que la persona dedique su atención a otros asuntos, también puede llevar a una disminución en la capacidad de desarrollar habilidades y en la capacidad cognitiva que nos permite ejercer el pensamiento crítico.[77] Como revisamos a lo largo de este manual, el pensamiento crítico es una herramienta fundamental que nos permite identificar y señalar el racismo, entre otras formas de discriminación, por lo que no nos podemos permitir ser laxos con el desarrollo de esta habilidad si queremos ser antirracistas.

Aunque la tecnología puede ser de ayuda en algunos aspectos de nuestra vida, debemos comparar de

---

[77] Gerlich, Michael. 2025. "AI Tools in Society: Impact on Cognitive Offloading and the Future of Critical Thinking", en *Societies*. https://doi.org/10.3390/soc15010006

manera crítica los usos "fantásticos" que supuestamente tiene con lo que se puede llevar a cabo en la realidad. Confiar ciegamente en lo que encontramos en internet sin revisar a profundidad la información puede provocar la propagación de noticias falsas, ideas discriminatorias, discursos de odio, así como crear obstáculos para llevar a cabo discusiones y organización de movimientos por la justicia social. Considerando que las compañías de redes sociales tratan de implementar el uso de IA de forma extensiva en sus plataformas, parte de nuestro ejercicio de pensamiento crítico debe ser analizar si realmente necesitamos utilizar estos modelos. La tecnología puede ser una herramienta que nos ayude a realizar cambios sociales sustanciales, sin embargo, es fundamentalmente un mercado donde las ganancias están por encima de todo. Crear espacios virtuales distintos depende de esfuerzos conscientes por dejar las dinámicas agresivas que aprendimos de las redes sociales, pensando en cómo reemplazar las dinámicas de "cancelación" por otras formas de hacer justicia. Esto también requiere el desarrollo constante del pensamiento crítico, incluyendo en nuestro uso de la tecnología, considerando los contextos en los que esta se crea.

• Redes sociales e inteligencia artificial •

Preguntas para reflexionar

En tu entorno, ¿cómo puedes utilizar las redes sociales para hacer comunidad?, ¿estás en algún grupo? Crea el espacio que te gustaría que existiera.

¿Cuáles son algunas alternativas para la "cancelación"? ¿Cómo te acercarías con unx amigx si vieras que cometiera un error?

¿Qué estereotipos racistas viste en internet? ¿En qué redes? ¿El contenido fue censurado o sigue en línea? ¿Con qué frecuencia utilizas esa red en particular? ¿Qué efecto tiene sobre tu salud mental?

Si obtienes información sobre política, noticias o para hacer investigación, ¿a qué sitios web recurres?, ¿cuál es tu criterio para decidir si es una fuente confiable o no?

¿Usas algún modelo de IA? ¿Para qué tipo de tareas? ¿Es indispensable o es la opción cómoda?

¡Quiero ser antirracista!

¿Qué podemos hacer?

Dedicamos los últimos seis capítulos a hablar sobre las múltiples formas en las que se expresa el racismo en México; cómo ha ido evolucionando y adaptándose al contexto actual. Después de esta lectura cuentas con algunas herramientas que te ayudarán a identificar acciones e ideas racistas, tanto las que hacen las personas a tu alrededor como las que puedas llegar a cometer tú misme. El primer paso para transformar la sociedad en la que vivimos es nombrar aquello que queremos crear. Además de desmantelar los sistemas de opresión existentes, ¿qué queremos dejar en su lugar? Los medios nos dicen que estamos constantemente en crisis: climática, social, económica, etcétera, y puede resultar abrumador, en especial para quienes crecimos en los últimos treinta años, pues parece que hay más problemas que posibles soluciones. Cuando me siento desanimada porque parece que mis esfuerzos individuales no hacen diferencia alguna en la realidad que habito, regreso al origen. ¿Qué fue lo que me motivó a señalar el racismo? Les invito a hacer este ejercicio de reflexión; cada uno tiene un momento en el que decidió hacer una ruptura consciente con esta forma de pensar. Tal vez fue por alguna experiencia personal, por el deseo de evitarles esa experiencia dolorosa a las nuevas generaciones, o porque se busca romper con un privilegio que saben que es injusto.

En mi caso, mi motivación para hablar de racismo son los recuerdos de mi infancia en los que aprendí que había cuerpos más bonitos que otros, palabras que se utilizaban para insultarnos por características que no podíamos cambiar, secretos de familia que brotan como espinas de entre nuestros recuerdos. Las historias que me contaron, donde la violencia quedó impune, pues no había forma de exigir justicia, y los insultos racistas eran soportados porque no había de otra. En un primer momento, pensar en los motivos que me hacen hablar de racismo son profundamente dolorosos. Mis primeros textos estaban habitados por esta ira, por la necesidad de romper con la comodidad de quienes se beneficiaron históricamente de estos sistemas. Hacerles saber que no estamos "acomplejades", que el racismo no depende de la percepción individual. Es un sistema que existe y actúa en nuestras vidas, creamos en él o no.

Con los años, aprendí que solo utilizar la ira como punto de partida para mi trabajo era inmensamente desgastante; no es sostenible en el largo plazo nutrirse constantemente de esta emoción. Para mí, regresar al origen también requirió hacerme consciente de las consecuencias positivas que habían tenido estas conversaciones y acciones en mi vida y en la de mis seres queridos. Hablar de antirracismo me había permitido conocer a personas creativas e inteligentes que hallaban formas novedosas de enfrentarse a estos sistemas. Utilizar las redes sociales para aprender de personas que están haciendo los mismos esfuerzos en otros territorios me recordó que no estoy sola y que nuestros esfuerzos se nutren mutuamente. Tal vez no lo veamos de inmediato, pero no significa que no existan o que no sean importantes. Facilitar los círculos de lectura antirracistas me permitió conocer a personas que tengo la fortuna de llamar amigas, sabiendo que tenemos un espacio que es antirracista, pero que fundamentalmente es de gozo, de disfrutar y comentar juntas una lectura porque nos apasionan los libros. El antirracismo me permitió conocer y entrevistar a activistas a quienes admiro profundamente, aprender de su trabajo e incorporarlo en mis propios esfuerzos. Cuando estoy cansada porque parece que mis esfuerzos nunca serán suficientes para cambiar este sistema, recuerdo por qué y por quiénes hago este trabajo. Recordar que somos parte de una o varias comunidades es fundamental, no solo para poder descansar y recargar las pilas, sino también para ayudarles y saber que nuestro trabajo rinde frutos. Leyendo a escritores y activistas del pasado, hallo en su propio trabajo esta emoción; el deseo de ver que nuestras comunidades pueden vivir en bienestar es motivación suficiente para continuar con el esfuerzo. Aprendí de los movimientos por la justicia social en México: el movimiento afromexicano comenzó a organizarse en la década de los noventa, y gracias al trabajo que comenzaron por los años en los que nací, ahora que soy adulta puedo obtener los beneficios por los que lucharon. Ese vínculo persiste entre más extienda la mirada hacia el pasado; en la Revolución lucharon personas negras e indígenas, en la independencia mexicana también, incluso durante los primeros años de colonización de este territorio hubo personas africanas que huyeron de la esclavitud y crearon asentamientos para rebelarse al dominio español. Aunque la palabra "racismo" es relativamente reciente, siempre ha habido resistencia ante los sistemas de dominación que nos explotan. No soy la primera ni seré la última persona que haga un esfuerzo por terminar con el racismo, y es en esa historia colectiva que podemos hallar fuerza y recordar por qué hablamos y nos enfrentamos al racismo.

Pensando en que cada quien tiene motivaciones distintas que le han interesado en el antirracismo, la forma en la que nos enfrentaremos a este sistema también es diversa; no hay instrucciones mágicas que nos funcionarán de la misma manera a todxs, simplemente porque no vivimos en las mismas circunstancias y tenemos distintos talentos y habilidades. Toma lo que te sea útil, agrega lo que te haga falta y adapta las guías de este libro a tus propias necesidades. Así, podrás crear un cambio en tu propia forma de pensar, en la forma de pensar de tu círculo cercano y en las comunidades de las que formas parte.

El propósito del antirracismo es señalar y desmantelar los sistemas de opresión, para así crear una sociedad en la que sea posible el bienestar sin que esto tenga que depender de la explotación de los seres humanos y la naturaleza.

Hablo de sistemas de opresión de manera amplia, no solo del racismo, porque como vimos a lo largo de esta discusión, todas las formas de violencia sistémicas están vinculadas entre sí. Para crear un futuro libre de violencia racista, también debe estar libre de violencia de género, clasista, capacitista, homofóbica, transfóbica, etcétera. Menciono también el bienestar para los seres humanos y la naturaleza porque la lógica racista crea jerarquías entre las personas, pero también entre los seres vivos, y que los seres humanos son más valiosos y dueños de todo lo demás. Romper con estas formas de violencia conlleva una invitación a relacionarnos de otra manera con los seres vivos con los que compartimos este planeta.

Puede resultar abrumador elegir un punto de partida cuando hay tanto por hacer; por ello, la pregunta que funciona como mi punto de partida es la siguiente:

¿Qué queremos dejar en lugar de los sistemas de opresión que existen actualmente?

El racismo está presente en todos los aspectos de nuestra vida y tiene muchas formas de expresarse. Por ende, hay una infinidad de opciones para enfrentar y desmantelarlo a través de nuestro propio trabajo y habilidades. Informarnos acerca de la manera en la que se presenta el racismo en los espacios que habitamos es el comienzo; la naturaleza insidiosa de este tipo de discriminación lo convierte en un tipo de violencia que es normalizado y que puede llegar a ser difícil de nombrar. Sin embargo, a partir de esto es que podemos pensar en propuestas para afrontarlo desde nuestras propias circunstancias.

Por ejemplo, a mí siempre me gustó leer, desde la infancia fue una de mis actividades favoritas y donde hallé un espacio en el cual puedo aprender y sentirme identificada. Cuando estaba en la universidad, noté que la mayoría de las lecturas que hacíamos en clase eran de personas blancas; que prácticamente no conocía a escritores de ascendencia africana, asiática o indígenas. Así que me di a la tarea de investigar; en internet, siguiendo cuentas que hablaban sobre libros en redes sociales y a ver qué me encontraba en las librerías y bibliotecas locales. Con el tiempo fui hallando autores que tal vez no hubiera conocido de no haber comenzado el proceso de cuestionamiento del canon literario. A partir de ahí, comencé un círculo de lectura con dos amigas en el que solo leíamos a escritoras negras, y unos años después comencé a facilitar un círculo de lectura antirracista en el que leemos a escritores racializadxs. Además de abrir nuestros horizontes literarios, el espacio me permitió tener conversaciones sobre el racismo, la violencia de género, la migración y muchos otros temas con las demás personas de mi círculo. Los libros fueron el medio que nos permitió formar una comunidad, compartiendo nuestras experiencias, aprendiendo sobre la vida en otros territorios y la manera en la que conectamos con cada lectura.

Quizás para ti, el proceso de incorporar el antirracismo a tu vida y tu trabajo sea a través de la medicina, la carpintería o las artes plásticas. ¿Cómo puedes crear espacios de discusión de este tipo en tus círculos?

En este punto es importante hacer una distinción; el antirracismo no supone ignorar la existencia de las categorías raciales. No se trata de decir "¡yo no veo el color!"

y suponer que eso es suficiente activismo por hoy. Ser antirracista requiere comprender que, aunque estas categorías son sociales, no son biológicas. Que no hay un examen de ADN que me va a decir de qué "raza" soy, sino que depende de la manera en la que se me identifica en el espacio público y la manera en la que me reconozco. Aunque se me identifique como parte de una "raza", esto no significa que tenga alguna de las características estereotípicas creadas para cada categoría. Por ende, buscamos desmantelar las dinámicas que crean y refuerzan la desigualdad entre los seres humanos con base en este tipo de criterios arbitrarios. El propósito del antirracismo es reconocer dos verdades simultáneas; las "razas" no son una realidad biológica, sin embargo, son categorías que atraviesan y definen nuestra experiencia de vida, y que pueden impedir o facilitar nuestro acceso a múltiples tipos de recursos. Por ello, si queremos crear una realidad en la que el bienestar sea posible para todas las personas, debemos eliminar los sistemas que saquean a las comunidades racializadas.

Ser antirracista es un proceso de aprendizaje constante; no se trata de demostrar que nunca fuiste racista, sino de reconocer que la sociedad en la que crecemos nos enseña a pensar de esta manera y que estamos en proceso de destruir estas ideas en nuestra propia mente. Es importante no dejar únicamente el deseo de ser antirracista en un ámbito personal, sino buscar articularnos de manera colectiva para impulsar cambios en los espacios que habitamos.

Por eso es que este manual contiene propuestas y análisis en torno al racismo que existe en nuestro país seguido de preguntas al final de cada capítulo. Mi propósito no es únicamente poner en evidencia las formas de discriminación vigentes en este territorio, sino dejar las claves que nos permitan identificar este tipo de dinámicas por nuestra propia cuenta. No pretendo ser la única persona que puede determinar si lo que está ante mis ojos es racista o no, sino darte las claves para que formes parte de este proceso y puedas llevarlo a cabo gracias a tu propio análisis. Como revisamos en el capítulo seis, cada vez son más frecuentes las herramientas tecnológicas que, lejos de ayudarnos a desarrollar nuestra capacidad de pensamiento crítico, lo han inhibido. Nos repiten de manera incesante que la inteligencia artificial es el futuro, que nos puede ahorrar mucho trabajo innecesario. Y, aunque esto puede ser cierto en algunos aspectos, tampoco debemos confiarnos. Los sistemas de opresión dependen de nuestra complicidad y de nuestro silencio. Poder identificar la violencia y señalarla es fundamental para crear cambios a nivel institucional. En mi experiencia en redes sociales, me hallé con personas que me enviaban algún video, fotografía o texto con las preguntas ¿esto es racista?, ¿esto está mal? Aunque hacía un esfuerzo por ayudarles y explicarles en la medida de mis posibilidades, después de algún tiempo este proceso se hizo imposible. Por una parte, no podía dedicar todo mi tiempo a responder a preguntas, aunque quisiera, y además me resultaba frustrante ver que algunas personas ni siquiera se interesaran por llegar a una conclusión por sí mismas, todo el trabajo de análisis lo esperaban de alguien más. Por ello, fue importante para mí explicar cada concepto y poner ejemplos que los ilustraran, para que de esta manera el conocimiento se extienda, así como el interés por participar de manera activa en la organización de un futuro antirracista para todas las personas.

Este proceso de constante desarrollo puede comenzar con descubrimientos dolorosos sobre la historia propia, sin embargo, al organizarnos de manera colectiva también existe la posibilidad de crear un espacio de gozo y crecimiento. Aunque internet es un arma de doble filo puede ser una herramienta que nos permita acceder a información que no habríamos podido obtener de otra forma; de encontrar los libros, documentales, fotografías y todos los demás recursos que nos permitan (re)conocer la historia de un país tan diverso como México. El antirracismo propone separarnos de las formas de vida en las que crecimos la mayoría de las personas, con referentes que nos enseñaron que no somos suficientes. Requiere que rompamos con las lógicas que jerarquizan a los seres humanos con base en características arbitrarias, que exigen un saqueo constante de los cuerpos y los territorios. No hay una forma única o correcta de organizarnos para ser antirracistas; las posibilidades son infinitas. A través de nuestra creatividad podemos destruir los sistemas que nos han atravesado desde hace quinientos años, y aunque tardemos otros quinientos en crear una posibilidad distinta, lo fundamental es recordar que sí es posible destruirlos.

Quiero terminar este intercambio con una pregunta para ti, para que la conversación continúe aun cuando hayas terminado este libro.

¿Cómo se ve para ti un futuro antirracista?

Agradecimientos

Quiero agradecer en primer lugar a Rey, por escucharme, quererme y hacer conmigo una casita en la que todas mis ideas pueden fluir. Nada de esto habría sido posible sin tu apoyo y tus palabras de aliento.

Gracias a Araceli y Nisao por criarme para amar los libros y hacer preguntas, por defenderme del racismo desde la infancia y hacerme saber que no estoy sola.

Gracias a Lilia y Armando por ser mi familia chilanga y acompañarme en las madrugadas en las que solo queda escribir. Gracias a Edmundo por ayudarme a convertir ideas sueltas en argumentos sólidos.

A todas las personas que me acompañaron en el proceso de soñar y escribir este libro, gracias por escucharme, preguntarme si ya terminé mi capítulo, darme ánimos para seguir en las partes difíciles y recordarme que este trabajo es importante. Ebony, Tito, Rayito, Julieta, Dan, Fer Herce, Eliza, les quiero muchísimo y agradezco tenerlxs en mi vida.

Gracias, Ángela, por tu trabajo de edición meticuloso, acompañarme en el proceso y animarme a escribir, solo escribir. La confianza que me dieron tus consejos y comentarios serán siempre de ayuda para mi trabajo. Gracias al equipo en Grijalbo y Penguin Random House por ser el hogar de este libro y creer en mis palabras.

Gracias a mis tíos Joe y Olivier por ser mi casa por un verano, buena parte de este libro lo escribí estando con ustedes y estoy segura de que la brisa marina fue el combustible perfecto para mis ideas.

Agradecimientos

Por último, gracias a ti por leerme, espero que estas palabras nutran tu camino y sean un lugar de refugio y esperanza.

Esta obra se terminó de imprimir
en el mes de agosto de 2025,
en los talleres de Diversidad Gráfica S.A. de C.V.
Ciudad de México